천윤자 수필집

반 보 기

천윤자 수필집
반보기

초판 1쇄 발행 2025년 4월 15일

지은이 천윤자
편 집 라온제나
표지디자인 천윤자
펴낸곳 해뜰참
출판등록 2022년 1월4일 제516-2022-000001
주소 경상북도 경산시 압량읍 압독4로 12
전화 053-812-9283
이메일 dudeh16@naver.com

이 책의 판권은 지은이와 해뜰참에 있습니다. 이 책 내용의 전부 또는 일부를 재사용하려면 반드시 양측의 서면 동의를 얻어야 합니다.
ⓒ 천윤자, 2025

반보기

천윤자

해뜰참

작가의 말

문학을 공부하던 청년 시절 옛 그림의 멋에 취해 붓을 잡았습니다. 전공을 바꾸어 보는 게 어떠냐는 스승님의 한마디가 붓을 놓지 못한 연유입니다. 그러나 글쓰기에 대한 두려움에 도망치듯 문인화의 길로 갔는지도 모르겠습니다. 문인화가 학문과 교양을 겸비한 작가가 붓으로 내면세계를 표현한다면, 수필 쓰기는 그림이 아닌 문장으로 같은 곳을 지향한다고 생각합니다.

불혹의 나이에 들어 다시 글을 써보려고 시도했습니다. 영남일보사 시민기자 활동을 하며 평범한 우리 이웃의 특별한 이야기, 동네 뉴스를 쓰는 일이 즐거웠습니다. 이웃의 이야기를 쓰면서 남에게 펼쳐 보이고 싶지 않던 저의 이야기와 가족사도 꺼내 볼 용기가 생겼습니다.

도서관에서 책 편집하는 방법을 배우면서 직접 책을 만들어 보았습니다. 배워가며 하는 작업이라 어설프기 짝이 없었습니다. 그런데도 한 권의 책이 만들어졌고, 인쇄되어 열람실에 비치되었습니다.

출판등록도 하지 않은 연습용 책입니다. 관심 가져주는 이가 없는데도 도서관에 오갈 때마다 저 혼자 부끄러웠습니다. 제대로 된 책으로 만들어야겠다고 생각했습니다.

출판사에 맡겨 표지와 제목을 바꾸고 내용을 보강했습니다. 특별할 것도 없는 이야기를 책으로 엮어내려니 많이 망설여졌습니다. '글벗' 문우들이 용기를 주었습니다. 책을 예쁘게 엮어준 《해뜰참》 김영도 대표와 서평을 써 주신 이운경 평론가께 감사를 전합니다. 많은 이가 읽어주지 않아도 괜찮습니다. 단 한 사람, 복사꽃 흐드러지게 피는 언덕배기에 누워 계신 엄마, 조손준 여사께 이 책을 바칩니다.

2025년 4월
옥산 천 윤 자

차 례

작가의 말 • 4

반보기

버릴 수 없는 것 • 13
엄마의 금반지 • 17
하얀 실내화 • 21
반보기 • 25
그 여자 • 29
종소리 • 34
형제 나무 • 40
유산 • 44

줄서기

가을 부채 • 51
고분에서 생명을 만나다 • 55
군자의 그림 • 61
산길을 걸으며 • 66
자인장에서 • 70
줄서기 • 74
행운 • 79
코이노니아 • 84
자화상 • 88

토우

계발선인장 • 96
경계 • 101
슬픔에 관하여 • 105
토우 • 110
입춘대길 • 114
중독 • 117
온달장군 • 121
포진 • 126
텅 빈 충만 • 129
목발 • 133

추억 한 장

감꽃 목걸이 • 142

난향 • 147

박물관 멍석 • 153

솔거의 노래 • 158

요술램프 • 162

잘가라, 피아노 • 168

자연을 그립니다 • 172

추억 한 장 • 175

아! 그리운 시절, 그 여름날 • 180

내 인생에 날개를 • 184

작품 해설 • 188

연잎처럼 넓은 품으로 언제나 내편이 되어주던 든든한 후원자는 이제 이세상 어디에도 없다. 한 번 떠난 후 꿈 속에서라도 찾아오지 않아 서운해질 때가 있다. 세상 일 미련없이 훨훨 떠나고 싶었을까? 이승과 저승 중간 어디쯤에서 반보기라도 할 수 있다면 찾아오실까.

반보기

버릴 수 없는 것
엄마의 금반지
하얀 실내화
반보기
그 여자
종소리
형제 나무
유산

버릴 수 없는 것

풀어 놓은 옷가지가 고향마을 난전 같다. 아니 벼룩시장에라도 온 듯하다. 집을 줄여 이사를 준비하면서 며칠 동안 버리고 또 버렸건만 쌓여 있는 물건들을 보니 내 욕심을 보는 것 같아 민망하기까지 하다. 평소 자주 쓰지 않는 물건이지만 버리자니 아깝고 또 어떤 때는 아쉽기도 해서 여기저기 모아 둔 짐 더미가 집안에 가득하다. 몇 년씩 입지 않은 옷들이 장롱을 가득 채우고도 여기저기 널브러져 있다.

옆지기는 내 요령 없는 살림살이를 타박하며 면박을 줄 것이다. 그러기 전에 빨리 보이지 않는 곳에 감추고 눈이 덜 가는 곳에 옮겨 놓아야 하는데 재바르지 못한 내 행동이 그의 눈길보다 선수를 치지 못한다.

버릴 것과 어딘가에 모아 둘 것들을 다시 분류한다. 아이들이 초등학교 입학하면서부터 쓰기 시작한 그림 일기장과 비뚤비뚤 서투른 글씨로 쓴 일기들이 서른 권쯤은 된다. 보여 주지 않으려고 감추기에 급급하던 것들이 어느 때부턴가 저들의 관심에서도 슬그머니 밀려난 지 오래다. 유독 내가 보물처럼 껴안고 버리지 못하고 있는 것들이다.

간혹 아이들로 인해 속상하거나 서운해질 때면 한 번씩 펼쳐 보곤 한다. 그곳엔 어린 그들의 모습이 사진보다 더 생생하게 저장되어 있다가 톡톡 튀어 나온다. 저들로 인해 기쁘고 행복했던 일들이 마법처럼 펼쳐진다. 공중목욕탕에서 목욕하는 모습을 그린 그림은 명화 속 목욕하는 여인들의 모습보다 더 재미있다. 상한 마음은 한 발짝 물러나고 어느새 입가에 미소가 번진다.

버리지 못하는 것 중에는 큰아이가 어릴 때 입던 분홍색 털스웨터도 있다. 나보다 더 커버린 아이가 입을 리도 없거니와 딱히 누군가에게 줄 만큼 아까운 옷도 아니건만 몇 번의 이사를 하면서도 짐 속에 담아 왔다. 손수 털실로 짜서 입힌 옷이기도 했거니와 넉넉하게 만들어 아이가 제법 자라서까지 즐겨 입으며 동생이 물려받아 입었다. 옷을 만드느라 내가 쏟은 정성 때문이기도 하지만 친정엄마를 추억 할 수 있는 옷이기도 했기에 여지껏 버리지 못하고 있는지도 모르겠다.

아이가 유치원에 입학하면서 생겨난 여유시간에 뜨개질을 배웠다. 가게에 진열된 예쁜 털스웨터가 눈길을 끌기도 했고, 한 올 한 올 털실이 얽혀 옷이 만들어지는 것이 신기해서 시작은 했지만 처음 해보는 일이라 쉽지 않았다. 손가락이 아리도록 뜨고, 풀고를 되풀이 했다. 옷이 제법 형태를 갖추어 갈 때쯤은 신이 나고 재미도 있어 밤늦도록 잡고 있었다. 더위가 한풀 꺾이기 시작한 늦여름에 시작한 옷은 겨울의 끝자락인 설을 앞두고서야 겨우 마무리를 할 수 있었다. 그마저 곰살맞은 뜨개방 주인의 도움 없이는 불가능한 일이었다. 뜨개방을 수없이 드나든 덕분에 옷 모양새를 갖출 수 있었다.

그해 아이는 털스웨터를 설빔으로 입고 외가에 가서 '엄마가 짜준 옷'이라고 자랑했다. 대바늘이라고는 잡아보지도 않던 딸이 제 자식 옷을 짜 주었다는 말을 듣고 친정엄마는 기특한 듯 유심히 살펴보더니 제법이라고 칭찬까지 했다. 그리고는 당신 스웨터도 하나 짜달라고 하셨다.

"엄마는~ 내가 그 옷 짜느라 손가락에 굳은살이 다 박였는데… "
"제 딸 옷은 짜 주면서 에미 것은 못해주겠다는 말이지."
생각 없는 딸은 그만 엄마를 서운하게 하고 말았다.
뒤늦은 수습을 하느라 내민 봉투를 내던져버렸던 엄마의 심정은 옷이 아니라 한 올 한 올 얽힌 딸의 정성스런 마음을 받고 싶었으리라. 그때는 왜 몰랐을까?

　내 어릴 적 엄마는 잠시도 손을 쉬는 날이 없었다. 바쁜 일 철이 지나고 농한기가 되면 털실과 대바늘로 무슨 옷이든 잘 만들어 내셨다. 조끼, 스웨터는 물론이고 내복도 짜주셨다. 낡은 옷은 풀어서 목도리며 모자, 장갑, 양말을 짰다. 끊어진 실을 표시 나지 않게 잇기도 하고 구겨진 실은 더운 김을 쐬어 새 실처럼 펴는 엄마는 마술사였다. 겉옷은 좋았지만, 내의는 까슬까슬한 촉감이 싫어 안 입겠다고 투정을 부리면 그래도 따뜻하다며 억지로 입히셨다. 딸아이의 분홍스웨터는 엄마의 뒷모습에 대한 나의 무의식적 동경이었는지도 모르겠다.

　지난봄, 빈손으로 홀연히 떠난 엄마의 유품을 정리하면서 또 한 번 울컥했다. 장롱 깊숙이 간직한 빛바랜 빨간색 내복 한 벌. 군데군데 실밥이 터진, 언제 사 드린 지도 기억이 안 나는 낡은 내복을 딸이 첫 월급 받아 사준 옷이라고 엄마는 버릴 수 없었는가 보다.

　내가 내 아이들의 일기장을 버릴 수 없는 것처럼.

엄마의 금반지

 발목까지 내려오는 두툼한 외투는 몸속으로 들어오는 겨울바람도 거뜬히 막아줄 것 같다. 얼마 전 어느 백화점에서 명절 열차표 구입하듯 줄을 서서 샀다는 옷이 저 외투인가. 교복처럼 검정 외투를 입은 아이들이 재잘거리며 앞서 걸어간다.
 겨울이면 옷의 색깔이 짙어지지만 올해는 유난히 검정색이 눈에 들어온다. 매일 먹과 함께 지내다시피 하니 나는 계절이나 유행에 상관없이 검정색 옷을 선호한다. 잘 지워지지 않는 먹물이 묻어도 표가 나지 않기 때문이다. 아이들이 어린 시절 함께 쇼핑을 갔다가 검정색 옷이 유난히 많이 걸린 옷가게를 지나오는데 딸아이가 '엄마 옷 하나 사야지'라고 했던 기억이 난다. 아이들 눈에도 검정색 옷은 엄마 옷이라고 생각되었던가 보다.

내가 어릴 때도 엄마는 검정색 치마를 자주 입었다. 먹물이 튈 것을 염려하는 나와는 다르게 매일 부엌에서 일을 해야 하는 엄마는 때가 묻어 더럽혀져도 표시가 잘 나지 않는 편리성 때문에 입었던 것이 아니었을까 싶다. 엄마의 검정 치마는 외출용이기도 했다. 검정 치마에 흰 저고리 하나만 걸치면 엄마의 나들이 옷이었다.

여고 시절 엄마가 느닷없이 학교에 찾아왔던 적이 있다. 초겨울로 기억되는 그날도 엄마는 검정치마에 흰 저고리를 입고 하얀 코고무신을 신고 왔다. 친구들이 엄마더러 유관순 누나 같다고 했지만, 나는 시골 할머니 같은 엄마가 학교에 온 것이 반갑지 않아 심통을 부렸다. 젊고 예쁜 엄마를 가진 친구들이 부러웠다.

그날 엄마는 시골 장에서는 팔지 않는 식재료며 할머니가 찾으시는 물건을 사러 큰장에 오셨다가 일정에도 없던 학교에 들렀다고 했다. 나는 고향에서 중학교를 졸업하고 대구에 나와 홀로 자취를 하며 고등학교에 다니고 있었다. 내가 다니던 학교는 고향에서는 큰장이라고 부르던 서문시장과 그리 멀지 않은 곳에 있었다. 엄마는 가끔 장 보러 가는 길에 내게 가져다줄 반찬이며 먹거리를 한 보따리 챙겨 들고 오곤

했다. 그러나 엄마가 자취방을 찾을 때는 언제나 내가 학교에 있을 시각이었다. 날 저물기 전에 서둘러 집으로 돌아가야 하니 하교 때까지 기다릴 시간이 없었다. 자취방에 가져온 것들을 풀어 두고 그날은 딸 얼굴이라도 잠시 보고 가려고 학교에 왔다고 했다.

돌아서는 엄마의 뒷모습이 추워 보였다. 생활의 불편을 덜기 위해 길이를 줄여 발목이 드러나 보이는 한복 치마. 당시 아버지는 외도로 얻은 아들을 집으로 데려와 기르고 있었다. 딸만 낳은 엄마는 몸보다 마음이 더 춥지 않았을까. 외투라도 좀 챙겨 입고 오지. 나는 왜 왔냐고 괜히 심통을 부린 것이 미안하고 나이 든 엄마가 무거운 짐을 들고 또 집까지 버스를 갈아타고 가야 하는 것이 걱정스러워 수업 시간 내내 신경이 쓰였다.

수업을 마치고 자취방으로 돌아오니 엄마가 가져온 밑반찬 말고도 못 보던 검정색 새 외투가 벽에 걸려있었다. 교복을 벗기도 전에 입어 보니 치수가 꼭 맞았다. 장을 보러 왔던 엄마가 내 외투를 사 주고 간 것이다. 그때까지도 엄마는 할머니나 아버지께 생활비를 타서 썼다. 장 보러 왔다가 계획에도 없던 내 외투를 사 주고 갈 만큼 용채가 넉넉지 않았을 텐데. 그해 겨울, 엄마가 사 준 외투로 따뜻하게 보냈다.

뒤늦게 나는 내 외투가 엄마의 석 돈짜리 금반지와 맞바꾼 것이라는 사실을 알았다. 어느 날엔가 손에 반지가 보이지 않아 물어보았더니 엄마는 필요한 물건이 있어 팔아 썼다고 대수롭지 않게 말했다. 장을 보러 왔다가 객지에 홀로 나와 있는 딸이 추위에 떨까 봐 선뜻 팔아서 옷을 사 준 것이다. 그날 나는 돈을 벌면 엄마에게 제일 먼저 금반지와 금목걸이를 사 주겠다고 생각했다. 스스로에게 한 그 약속은 지켰지만, 검정색 외투만 보면 지금도 엄마의 금반지가 생각난다.

하얀 실내화

초등학교 앞 문구점에서 파는 220㎜ 하얀 실내화. 그것은 우리 집에서 더 이상 실내화가 아니다. 엄마의 외출용 신발이다. 발이 지탱해야 할 무게를 최대한 줄여주기 위해 선택한 신발이다.

처음 물리치료를 시작하던 날, 엄마는 집 앞 문구점에서 사 간 실내화를 물끄러미 바라보셨다. 왜 어린 손녀의 신발을 당신더러 신으라고 하는지 이해하지 못하겠다는 표정을 지었다. 그러던 엄마가 이제 집을 나설 때면 으레 당신 신발부터 챙기신다. 신발이 안 보이면 불안해하신다. 어딘가를 향해 걸어가야 하는데 신발이 없어, 갈 수 없기라도 하는 듯.

어느 시인은 '간다'라는 의미를 단순히 내가 지금 걸어가는 길이 아니라 영원히 가야 할 곳으로 확대 해석했다. '노래하며 놀다가, 노래하며 가네.'라고 읊은 시인이나, '아름다운 이 세상 소풍 끝내는 날, 가서 아름다웠노라고 말하리라'고 한 시인이 가려고 했던 곳, 그곳을 찾아 엄마는 가려고만 하신다. 그런데 자꾸 걸음걸이가 휘청거린다. 보행기에 의지해 한발 한발 내딛는 발걸음이 불안하다.

"가야지, 이제 이만큼 있었으면 됐다."

"어디 가시려고요? 다 늦은 시각에."

"늦었으니 우리 집에 가야지. 집에 가서 쉬어야겠다."

엄마는 신발부터 찾으신다. 220㎜ 하얀 실내화를.

엄마의 '우리 집'은 때론 영원히 가야 할 그곳이 되었다가, 때로는 당신이 최근까지 거처하시던 곳이 되기도 한다. 아무래도 딸네 집은 남의 집으로 생각되나 보다.

어딘가를 향해 가려고 움직이는 것은 발이지만 갈 곳을 정하고 생각하는 것은 머리다. 머리가 하자는 대로 발은 수고롭게 움직이면 된다. 그런데 요즘 엄마의 머리와 발은 따로 움직이려 하고 있다. 머리는 뒷걸음을 하고 있는데 발은 자꾸만 앞을 향해 내딛고 있다. 뒤죽박죽이 되어버린 엄마의 발과 머리가 혼란을 일으킨다. 그래서 갈 길을 못 찾고 있다.

　뇌경색 진단을 받고 수족을 움직일 수 없었던 엄마가 조금씩 회복되면서 첫돌배기 아기처럼 걸음마를 시작했다. 어서 오라고 한 걸음만 더 걸으라고 박수를 보내며 격려하는 동안 엄마의 머리는 아무도 모르게 조금씩 뒷걸음을 하고 있었다. 이제 엄마의 머리와 발은 한 몸이 될 수 없을 만큼 멀리 있기라도 한 것처럼.

　딸 손을 잡고 병원으로 향하는 날 엄마 눈에 물방울이 맺혔다.

　자꾸 뒤돌아보신다.

　"이게 마지막 걸음이구나."

　"치료받고 건강해져 다시 와야지요."

　내 눈도 자꾸 흐려져 앞이 희미해지는데, 엄마가 볼까 봐 돌아서고 싶은데, 부축하지 않으면 쓰러질까 애써 웃는데도 눈물은 감춰지지 않는다.

　간병인에게 엄마를 맡기고 돌아서는 발걸음에 힘이 빠진다. 엄마가 떠난 빈방으로 돌아와 혼자 있는 것이 두려웠다. 굳이 가지 않아도 될 곳을 물어물어 찾아간 것은 허전한 마음을 무엇으로든 채우고 싶은 내 이기심인 것 같다. 큰 소리로 웃고 떠들며 그럴 수밖에 없었노라고 변명하고 싶었는지도 모르겠다. 병원에 계시는 것이 더 나을 거라고 누군가에게 위로받고 싶었는지도 모르겠다.

220㎜ 작은 발로 고단한 80 평생을 걸어온 엄마가 마지막으로 가려고 하는 곳이 병원이 아니라 당신 집이란 걸 알면서도 나는 집으로 모실 수가 없다.

내가 해 줄 수 있는 건 엄마가 신고 갈 하얀 실내화를 깨끗이 씻어주는 일밖에 아무것도 없다.

반보기

　연잎이 푸르다. 꼭 다문 두 입술이 벌어지고, 구겨진 한지처럼 말려 있던 잎이 온힘을 다해 열리고 있다. 넓은 품이 하늘이라도 담을 기세다. 잎에 맺힌 이슬이 아침햇살을 받아 반짝이는 유리구슬이다. 군자정에 앉아 바라보는 유호연지는 온통 푸른 물결이다.
　연잎이 바람결에 일렁인다. 연꽃 만나러 오는 바람일까? 아니, 만나고 가는 바람일까? 어디선가 시의 한 구절에 맑은 향기가 실려 오는 듯하다. 성급한 봉오리가 벌써 여기저기서 분홍빛 속살을 드러내며 연밥을 밀어 올리고 있다. 여름이 다가오나 보다.

연못 가장자리 정자가 전통의상처럼 의젓하다. '군자정'이란 현판의 글씨가 운치를 더한다. 풍류를 아는 선비가 이곳에 정자를 지었을 것이다. 화중군자라 불리는 연을 벗하여 시를 짓고, 그림을 그렸으리라. 주변을 돌아보니 온통 야트막한 산으로 둘러싸여 있다. 둑 주변 산책로를 따라 군데군데 연꽃을 노래한 시비가 세워져 먼저 이곳을 다녀간 이들을 생각나게 한다. 지역 출신 향토 시조 시인 남매의 시가 발길을 붙잡는다. 민들레, 개망초, 엉겅퀴, 씀바귀며 낯익은 들꽃들도 연못을 포근히 감싸 안고 있다. 그러고 보니 '반보기'를 하기에 맞춤한 장소가 아닌가.

군자정과 반보기에 대한 안내문이 눈길을 끈다.

오래전 낙향한 선비가 이곳에 연을 심고, 정자를 지어 후학을 가르쳤다. 매년 연꽃이 절정을 이루는 팔월 중순이면 군자정에서는 글을 짓고 강론하는 강계講契가 열렸고, 계원이 수백 명에 달하였다. 선비들이 불편 없이 계회를 마칠 수 있게 처음에는 문중의 며느리들만 모였으나 차차 출가한 딸들도 모여 자주 만나지 못하는 정한을 풀었다. 이후 며느리들과 딸네는 연못에서 모여 선대의 덕업을 기리고, 가문의 우애를 돈독히 하며 후손들에게 덕문이 되기를 바라는 모임이 되었다. 이러한 미풍이 타성에게까지 미치게 되어 '반보기'의 유풍이 되었다고 전해오고 있다.

아낙네의 바깥나들이가 자유롭지 못했던 시절, 반보기는 그나마 우리네 여인들의 숨통이 아니었을까. 그리운 피붙이를 만날 수 있는 친정 나들이를 할 수 없었기에 시집살이는 더욱 고달프기만 했을 것이다. 농한기나 명절을 전후하여 일 년에 한두 차례 이뤄지던 이 세시풍속이 여인네들에겐 손꼽아 기다리는 날이었을 것이다.

시간을 절약하기 위해 시댁에서 반, 친정에서 반이 되는 거리에 풍광 좋은 장소를 택하여 친정엄마와 딸은 눈물의 해후를 했을 것이다. 엄마는 딸에게 먹일 맛난 음식을 준비하고, 딸도 엄마에게 올릴 것을 정성껏 준비했으리라. 걸어서 먼 거리를 가는 동안 모녀는 바쁜 걸음을 재촉했겠지. 그들에게 허락된 시간이 고작 반나절, 반이 되는 거리에서 식구들을 다 보지 못하고 반만 보고 오는 길이기에 반보기일까.

막내딸로 태어나 층층시하 맏며느리로 시집온 우리 엄마, 엄마도 외할머니를 그렇게 만났겠지. 시가의 잦은 치레를 감당하며 고된 시집살이를 했던 엄마에게 그날은 분명 소풍날이었을 게다. 내가 태어나기도 전에 외할머니는 세상을 떠났으니, 엄마의 소풍날이 그리 많지는 않았을 것이다.

나는 친정 나들이가 자유로웠지만 왜 그리 엄마에게 가는 길에 인색했던지. 바쁘다는 핑계로 기다리는 엄마를 늘 목마르게 했던 살갑지 못한 딸이었다. 세상일에 지치고, 때론 서럽고 억울한 일을 당하면 찾아가 일러바치고 응석부리며 한바탕 눈물이라도 흘리고 싶다. 연잎처럼 넓은 품으로 언제나 내 편이 되어주던 든든한 후원자는 이제 이 세상 어디에도 없다. 한 번 떠난 후 꿈속에서라도 찾아오지 않아 서운해질 때가 있다. 세상일 미련 없이 훨훨 떠나고 싶었을까? 이승과 저승의 중간 어디쯤에서 반보기라도 할 수 있다면 찾아오실까.

그 여자

 스물다섯, 피어오르는 모란 같던 여자는 아버지뻘 되는 남자의 아들을 낳았다. 반백이 훌쩍 넘은 나이에 아들을 얻은 남자는 세상에 태어나 이제 할 일을 한 듯, 노모와 그의 아내, 딸이 있는 집으로 모자를 데려왔다. 모자는 남자의 집 사랑채에 둥지를 틀었다. 그렇게 불편한 동거가 시작되었다.
 남자의 아내는 첫 아이를 순산한 맏딸 산바라지 하듯 모자를 돌봤다. 30년 전 낳은 그녀의 죽은 아들이 살아온 듯 정성을 쏟았다. 다리가 불편한 여자를 대신해 아이를 등에서 내려놓는 날이 없었다. 보란

듯이 마을에 업고 다녔다. 쉰이 넘어 머리 위엔 싸락눈이 내렸고, 연배의 동네 아낙들은 손자를 데리고 다니던 때였다. 이미 마른 풀잎처럼 시든 그녀의 몸을 대신해 아들을 낳아준 여자가 고마웠단다.

술주정뱅이 아버지, 가난이 거미줄 친 집안의 7남매 중 맏딸이었던 여자가 택한 길은 자신의 처지를 탈피하여 나비가 되고 싶은 번데기의 처절한 몸부림이었다. 대를 잇기 원하는 집안에 들어가 아들을 낳으면 앞으로 걸어갈 길은 꽃길이 되리라 믿었을까. 그러나 삶은 생각만큼 순탄하지 않았다.

젖을 떼자마자 남자의 아내는 아들을 여자 곁에 두려하지 않았다. 당신 호적에 떡 하니 제 아들로 등재한 엄마 같은 남자의 아내는 비록 몸피는 작고 늙었지만 당당해 보였다. 서릿발 같은 시어머니의 비호를 받으며 종부의 자리를 견고히 다져 나갔다. 여자는 불안했다. 피 같고, 살 같은 아들을 자신의 품에서 영영 빼앗길 것 같았다.

막내 동생 같은 남자의 딸이 여자에게 호의적 일 리가 없었다. 여자를 송충이 보듯 했다. '그렇게밖에 살길이 없었냐'고 대놓고 냉소하며 무시했다. 억울했다. 기댈 곳은 남자밖에 없었지만 드러나게 편들어 주지도 않는 무심한 사람이었다.

"나도 니처럼 좋은 아버지만 있었으면 이렇게 살 지 않았다. 나는 좋아서 이러구 사는 줄 아나" 여자는 눈길 한번 주지 않는 새침한 남자의 딸에게 자주 악다구니를 했다.

　어느 날 소주잔을 앞에 놓고 여자는 남의 이야기처럼 넋두리를 풀었다. 술에 취한 아비가 어린 딸이 운다고 마당에 내동댕이쳤단다. 자지러질듯 울었지만 아무도 돌아보는 사람이 없었단다. 다친 다리를 그냥 내버려 두어 치료시기를 놓쳤다. 멀쩡하던 딸이 불구가 되었는데도 아비는 술로 세월을 보냈단다.

　초등학교에 다니던 시절 절름발이라고 놀리는 아이들이 싫어 한글을 깨치기도 전에 그만두었다. 먹고 사는 일을 위해 이웃에서 허드렛일을 거들며 한복 짓는 일을 배웠다. 그러나 한복이 일상복에서 밀려나고, 번듯한 가게를 차릴 형편이 못되니 호구지책이 될 리 없었다. 솜씨도 썩 뛰어나지 못했던지 재봉틀 하나 두고 헌옷을 수선해주는 정도였다. 그녀의 신체장애가 손님들의 발길을 돌리게 했는지도 모른다.

　고객으로 온 사람이 안 되는 장사를 그만 두고 딴 길을 찾아보라고 부추겼고, 부모도 모르는 척 등 떠밀었단다. 그렇게 남자를 만났고, 아들을 낳았다.　나이가 들었지만 주위의 신망을 얻었고, 자신의 아비처럼 술주정뱅이가 아니라 안심이 되었단다. 가난하지 않아 더욱 싫지 않았단다. 남자의 아내만 없다면 함께 살아도 좋았을 것이란다.

　그러나 남자는 오래 살지 못했다. 예순 넷, 억울한 죽음은 아니었지만 노모와 어린 아들을 두고 떠나기엔 이른 나이였다. 남자의 아내는 아들을 맡기고 떠나라고 했다. 혼자서는 못 간다고, 기어이 아들을 데리고 가겠다고 버틴 여자는 멀지 않은 곳에 아들과 함께 터전을 잡았다. 남자가 남겨준 재산으로 먹고 사는데 어렵지는 않았다.
  친정집 피붙이들이 드나들기 시작했다. 처음엔 다리가 불편한 여자의 잔심부름을 하기 위해 어린 막내 동생이 들어와 살더니, 이혼한 여동생이 찾아오고, 변변한 벌이도 없는 남동생이 드나들고, 친정 엄마까지 딸네 집에 눌러 앉았다. 나비를 꿈꾸던 여자는 여전히 번데기로 남아 가난한 친정집 식구들의 가장으로 되돌아갔다.
  친정 피붙이들의 꾐에 논을 팔고 집을 줄였다. 아들도 자라 곁을 떠났다. 빈손이 된 여자 곁을 피붙이들도 떠났다. 모자를 돌봐오던 남자의 늙은 아내도 30년 전 먼저 터를 잡은 남편 묘소 곁으로 돌아갔다. 어느덧 여자도 일흔을 훌쩍 넘겼다. 친정 식솔을 나 몰라라 할 만큼 모질지 못했던 여자는 이제 의지할 데 없는 초로의 장애인으로 홀로 남아 국가의 도움으로 살아가고 있다.

  불쌍한 여자였다. 중학생이었던 나는 사랑채에 그림자처럼 앉아있던 여자가 공산당보다 미웠다. 여자에게서 나던 분 냄새가 싫었고, 즐겨 바르던 빨간 립스틱과 초록색 아이새도우 색깔도 싫었다. 환심을 사기 위해 만들어 준 색동복주머니를 몰래 가위로 잘라 불타는 아궁이 속에 던지며 여자도 그렇게 내 앞에서 불꽃이 되어 사라지길 바랐다. 그러나 정작 고향집을 떠난 건 나였다. 상급학교 진학을 위해 떠난 후 여자가 집에서 나갈 때까지 돌아가지 않았다.

여자가 낳은 남편의 아이를 당신 자식처럼 기르던 그때의 엄마만큼, 꼭 그만큼 나도 나이를 먹었다. 인생은 수학 공식처럼 맞아떨어지는 것도 아니고, 산수 문제처럼 술술 풀리지도 않는다는 것을 이제야 어렴풋이 짐작한다.

여자가 낳은 아이가 내 아버지의 아들이 아니었다면 나는 좀 더 여자를 연민 할 수 있었을까?

종소리

 잠들지 못한 새벽녘, 엄마를 부른 것은 종소리였다. 알 수 없는 소리의 힘에 이끌려 새벽 공기를 가르고 어딘가를 찾아 나섰다. 지친 엄마에게는 안식처가 필요했다. 많은 사람의 소망이 곳곳에서 기도로 터져 나오고 있었다. 자리에 앉자마자 자꾸 눈물이 흘렀다. 실컷 울었다. 얼마나 지났을까, 환하게 불이 밝혀지자 고딕체로 크게 쓴 문구가 눈에 들어왔다.
 '수고하고 무거운 짐 진 자들아, 다 내게로 오라 내가 너희를 쉬게 하리라.'

햇살이 물방울에 축복처럼 맺혀있다. 태풍이 몰고 온 작달비가 오랜 가뭄을 해갈해 준 아침이다. 입추가 지나고 가을 향기가 묻은 하늘에 구름 조각이 떠다닌다. 군데군데 돌이 박힌 나지막한 흙담을 지나니 아담한 한옥이 나타난다. 백 년 전통의 영천시 화북면 자천교회. 대형화된 도시 교회와는 거리가 멀다. 고향 집 같다.

엄마는 열여덟 살에 유학을 중시하는 집안의 맏며느리로 시집을 왔다. 처녀 공출을 피해 서둘러 치른 혼사였다. 얼굴 한번 못 본 신랑이었지만 양가 부모의 뜻에 따랐다. 할머니는 큰 일꾼이라도 들인 양 집안일을 모두 엄마에게 맡겼다. 집안 대소사가 잦았다. 아버지는 큰댁 양자로 갔으나, 생가 부모 봉양을 어린 삼촌에게만 맡길 수 없어 양쪽 집안을 모두 건사하셨다. 엄마는 봉제사 접빈객은 물론 온갖 살림에 농사일까지 해야 하는 버거운 짐을 지고 살았다.

'경북지방문화재452호, 1903년 설립, 자천교회' 출입구 옆 담장에 교표가 박혀있다. 허름한 나무 종탑 위에 십자가가 비목처럼 양팔을 벌리고 있다. 종탑 허리에 걸쳐진 밧줄을 살짝 당겨보니 애환이 서린 지난 시간만큼 묵직한 종의 무게가 느껴진다. 엄마의 힘겨웠던 삶의 무게처럼. 이곳에서 오랜 세월 충직한 지킴이로서 교회와 마을의 새벽을 깨웠던 옛날의 종은 쇠붙이 공출로 빼앗기고, 지금 이 종은 해방 후에 다시 종탑에 올린 것이란다.

'禮拜堂(예배당)'이라는 현판이 걸린 한옥은 나지막한 기단에 막돌 초석을 놓고, 그 위에 네모기둥을 세워 우진각 지붕틀을 설치했다. 똑같은 장방형 집 두 채를 나란히 배치한 겹집이다. 천장은 연등 모양으로 서까래가 그대로 노출되어 있다. 기둥이 있어야 할 곳에 아치형 강대상이 있고, 마룻바닥에 서양식 의자가 줄지어 놓여있다. 의자 뒤쪽엔 온돌방이 꾸며져 있어 동서양 건축양식을 섞어놓은 것 같다. 사람과 사람사이에도 절충과 조화가 필요하리라.

강대상 앞을 바라보니 '역사를 품고 미래를 바라보는 교회'라는 글이 눈에 띈다. 강대상은 확 트여있지만, 회중의 자리는 나무 칸막이로 나누어져 있다. 출입문도 따로 나 있어 내외하던 그 시대가 뚜렷이 보인다. 분위기에 압도되어 나는 마치 칸막이 저쪽을 기웃거리면 안 되는 양 한쪽에 조용히 앉아 고개를 숙였다. 나무 향기가 콧속으로 스며든다. 생전에 믿음과 사랑이 없다며 나를 염려하던 엄마 모습이 떠오른다. 어린 신부였던 엄마에게 할머니는 저 칸막이보다도 더 단단한 벽이었으리라.

대구에 부임한 아담스 선교사와 서당 훈장이었던 권헌중 장로의 만남이 이 교회설립의 계기가 되었다고 한다. 유교의 관습에 젖어 있던 당시 정서에 기독교 복음이 쉽게 받아들여졌을까. 우리 전통문화와 서구의 새로운 이상세계는 큰 충돌을 겪었을 것이다. 예배당을 돌아 나오는데 아궁이 앞 키 낮은 굴뚝이 보인다. 밥 짓는 연기를 보고 마음 아파할 가난한 이웃들을 위한 배려란다. 수많은 박해와 어려움 속에서도 굳건히 자신이 믿는 바를 지켜온 이들이 있어 세상이 이만큼이나마 지켜진 것 같아 애잔한 마음이 든다.

  엄마는 스무 살에 낳은 아들을 어려서 마마로 잃었다. 이후 시집살이는 더욱 혹독했다. 집마다 아이들이 죽어 나갔지만, 아이들은 또다시 태어나고 자랐다. 그러나 엄마는 10여 년간 수태조차 못했으니 그 마음고생이 오죽했을까. 서른을 훌쩍 넘긴 나이에 딸 둘을 낳았고 엄마의 출산은 끝이었다. 그것이 엄마를 언제나 기죽게 했다. 더욱이 아들처럼 공부시키고 기른 시동생이 결혼하자마자 내리 아들만 셋을 낳았으니, 동서에 대한 열등감이 오죽했으랴. 모진 시집살이도 맏며느리로 아들을 낳지 못한 탓이라 자책하며 죄인처럼 숨죽여 살았다.

  할머니는 여기저기 수소문해 씨받이 여인을 찾았다. 양자로 간 장남이 또다시 조카를 양자로 들여 대를 잇게 할 수 없다고 했다. 그 덕에 아버지는 쉰이 넘어 손자 같은 늦둥이 아들을 얻었다. 시앗이 낳은 아들을 당신 호적에 올리던 날 엄마는 죽은 아들이라도 살아 돌아온 듯 반겨야 했다. 아들만 얻으면 근심 걱정이 사라질 줄 알았는데 삶은 늘 만만하지 않았다. 아이가 조금이라도 열이 나면 온 집안이 발칵 뒤집혔다. 당신이 낳은 아들이 아니라 소홀하다는 질책을 받을까 봐 더욱 정성을 쏟았다. 크고 작은 바람은 늘 집안을 흔들어 놓았고 위태위태했다. 한번 아이를 잃은 아픔은 마음에 불안을 심어 놓았다. 심신에 병이 들었다. 원인 모를 두드러기로 밤잠을 이룰 수 없었다.

당신의 고단한 삶을 이제 그만 내려놓고 싶었다. 핏줄이 아니라 사랑으로 대를 이어야 한다는 신의 음성이 종소리처럼 엄마의 가슴으로 스며들었다. 아들을 낳기 위한 삶이 대를 이어가기 원하지 않았다. 무거운 짐을 내려놓고 나니 마음에 평안이 찾아왔다. 그날 이후 엄마는 새롭게 살았다. 도수 높은 돋보기안경을 쓰고 틈만 나면 성경을 읽었고, 새벽이면 어김없이 예배당에 나가 무릎을 꿇었다. 기도는 엄마 삶의 일부, 아니 전부가 되었다. 기도로 새벽을 밝히는 며느리를 서슬 퍼런 시어머니도 막지 못했다.

아버지는 늦게 얻은 아들이 초등학교에 입학한 지 얼마 되지 않아 간암 말기 진단을 받았다. 그런 아버지 곁에서도 엄마의 기도는 끊이지 않았다. 아버지 장례식 날 우리 가족은 곡을 하는 대신 기도와 찬송으로 아버지를 떠나보냈다. 집안 어른들의 못마땅한 눈길도 엄마는 아랑곳하지 않았다. 아버지가 돌아가시고도 엄마는 할머니를 정성껏 모셨고, 홀로 임종까지 했다. 당신이 낳은 딸들보다 아들을 더 사랑했다. 나는 그런 엄마가 못내 서운했지만, 엄마는 마지막 가는 길까지 사랑하는 아들을 내게 부탁했다.

뎅그렁~
'내가 사랑한 것 같이 너희도 서로 사랑하라'
나무 종탑 위에 걸린 종이 세상을 향해 메시지를 전한다.
'사람은 믿음의 대상이 아니라 사랑의 대상이다. 부족하고 못난 점까지도 사랑해야 한다.'
어디선가 엄마 목소리가 들린다.

형제 나무

자주 다니는 등산길에 손가락을 닮은 나무가 있다. 굵기도 다르고 키도 다른 것이 마치 거인이 하늘을 향해 큰 손가락을 펴고 누워있는 형상이다. 위로 가지를 뻗고 있지만 누워있는 몸통은 하나로 땅에 뿌리를 박고 있다. 오형제 나무라는 이름표가 붙어있다. 수종이 버드나무로 오래전 태풍으로 쓰러진 상태에서 가지가 자랐다. 죽은 줄 알았는데 태풍이 남긴 상처를 딛고 다섯 줄기를 몸통보다 더 키웠다. 산을 오르내리며 이 나무에 자주 눈길이 가는 것은 한 부모에게서 태어난 형제처럼 보였기 때문이다. 한동안 뜸하다 오른 등산길에서 길가 쪽

가지 하나가 사라진 것을 보았다. 옆에는 여전히 오형제 나무라는 표지판이 붙어있지만 가지는 넷뿐이다. 그간 한 형제를 떠나보냈는가 보다. 태풍 때문이었는지 해충에 병들었는지 부러진 가지에는 여기저기 생채기가 있었다.

할머니는 슬하에 오 남매를 두셨다. 아흔을 넘겨 장수했지만 내 아버지인 맏아들을 가슴에 묻은 후 3년여 동안 사위어 가듯 그렇게 돌아가셨다. 할머니 제삿날에 작은집을 찾았다. 생전에 맏아들과 함께 살았던 할머니는 막내아들 집에서 제사상을 받고 있다. 후손 없이 돌아가신 큰댁에 맏아들을 양자로 보냈기 때문이다.

작은아버지는 할머니 사진이 놓인 제사상 앞에서 제문 대신 긴 편지 같은 말씀을 이어갔다. 자녀들과 손자 손녀가 모두 쉽게 알아들을 수 있도록 한 배려 같다. 오랜만에 참석한 내 이야기도 빠뜨리지 않았다. 가장 많은 시간 어머니 곁을 지켰던 사랑하는 손녀가 왔다고 하는 말을 귓전으로 들으며 내 할머니가 아닌 한 여인의 지난했던 삶을 생각했다. 제사를 마치고 작은아버지는 막내 고모에게 전화를 걸었다. 고모의 울먹이는 목소리가 전화선을 타고 들려왔다. 우리 이름을 하나하나 부르며 안부를 물었다.

윗동네에서 아랫동네로 열여섯에 시집와 훈장님의 며느리가 되신 할머니의 택호는 상촌댁이다. 맏사위를 6.25전쟁으로 잃었고, 병약했던 둘째 딸은 결혼 후 어린 아들을 두고 먼저 세상을 떠났다. 너무 일찍 아내를 잃은 사위는 재혼한 후에도 자주 장모님을 찾아왔다. 함께 온 움딸을 당신 딸처럼 대해 어린 나는 할머니가 낳은 둘째 딸인 줄 알았다. 둘째 사위도, 셋째 사위도 할머니보다 먼저 세상을 등졌다. 셋째 딸인 막내 고모는 일제강점기에 일본으로 건너갔다. 정혼한 고모부가 징용으로 가서 돌아오지 않았으므로, 고모는 고모부를 찾아 갖은 고초를 겪으며 일본으로 가서 함께 사셨다. 글을 쓸 줄 몰랐던 할머니는 내가 한글을 익히고 쓸 줄 알게 될 무렵부터 막내딸에게 보낼 절절한 내용의 편지를 대필하게 하셨다.

  가슴 깊이 묻어둔 말을 꺼내 불러주시던 할머니는 편지가 끝나기도 전에 눈물로 손수건을 적셨다. 내용을 잘 이해하지 못했던 나도 덩달아 가슴이 먹먹했다. 고국의 어머니가 보낸 편지를 받아 든 고모도 그랬으리라. 편지를 부친 날부터 할머니는 하루하루 손꼽아 답신을 기다렸고, 어린 나는 연두색 바탕에 사슴이 그려진 일본 우표와 간간이 소포로 보내주던 학용품을 더 기다렸다. 고모의 답신이 날아오면 할머니께 읽어 주는 것도 내 몫이었다. 그때도 할머니의 눈에는 강물이 흘렀다.

  오래된 기억 속에 잊히지 않는 구절이 있다. "내 아가! 밥 잘 챙겨 먹고, 이불 잘 덮고 추위에 떨지 말고, 몸 성히 지내거라. 에미는 괘안타. 너만, 너만 잘 산다면…"

세월이 흘러 고모는 가끔 친정에 다녀가셨고 상봉한 모녀는 그때도 "보고 싶었어. 사랑한다."며 부둥켜안고 눈물 바람이었다. 아흔이 된 고모는 지금 자녀들이 있는 교토에 살고 있다. 열여덟 꽃다운 나이에 홀로 일본으로 건너가 평생을 살아온 고모에게 고국의 어린 조카가 비뚤비뚤 대신 쓴 어머니의 편지에서 한겨울 목도리만큼 따스한 온기를 느끼지 않았을까. 이국의 딸이 보내온 편지도 어머니에게는 손가락에 끼고 있던 금반지보다 더한 보물이었다. 거처하던 방의 자리 밑에 소중하게 보관하다가 딸이 생각날 때면 꺼내 들었다.

  TV에서는 태풍이 우리나라를 관통할 것이라고 대비하라는 방송이 거듭 흘러나오고 있다. 작은아버지는 한평생 지나온 세월에도 태풍 같은 고비가 많았다며 지난 시간을 회상했다. 오 남매 가운데 이제 둘만 남았다. 언제 우리 곁을 떠날지 모르는 고모에게 가끔 안부 전화라도 하라고 당부하신다. 욱수골 형제 나무가 이번 태풍에도 잘 견디어 낼까, 또 한 가지가 쓰러지지는 않을까 걱정이다. 월명사의 제망매가 한 구절이 자꾸 머릿속을 맴돈다.

  삶과 죽음의 길이 예 있으매/ 나는 간다는 말도/ 못다 이르고 어찌 가는가/ 어느 가을 이른 바람에/ 여기저기 떨어지는 잎처럼/ 한 가지에 나고/ 가는 곳 모르는구나.

유산

시아버지를 떠나보내고 한 달도 지나지 않아 집안이 왈칵 뒤집혔다. 슬픔이 채 가시기도 전에 아버님이 남겨 주신 유산 때문이다. 더욱이 상속을 순순히 받아들이는 남매가 있는가 하면 받지 않겠다고 거부하는 형제가 있어 더 문제다.

시아버지는 일제강점기에 태어나서 힘든 시기를 살아냈고, 한국전쟁에 참전하여 죽을 고비도 넘기신 분이다. 참전용사라는 사실을 너무나 자랑스럽게 생각하셨다. 이태 전 생신날 집 근처 식당에서 식구들이 함께 식사하는데 시아버지는 평소와는 다르게 말쑥한 양복 차림에 넥타이 대신 큼지막한 메달을 목에 걸고 나오셨다. 아이들은 물론 우리 모두의 시선은 메달에 고정됐다. 시선을 의식하셨는지 자리에 앉자마자 메달을 들어 보이시며 국가유공자 메달이라고 하시던 기억은 지금도 생생하다.

생전에 시아버지는 근검절약이 몸에 밴 분이었다. 여든을 넘기시고도 농사일을 하실 만큼 부지런했고, 알뜰하게 모아 저축을 하셨다. 넉넉지 못한 집안의 삼대독자로 부모님과 여동생 다섯, 당신의 자식 오남매를 거느린 가장으로 손톱이 자랄 틈도 없이 열심히 일하며 살았다고 자주 말씀하셨다. 덕분에 시골에서 제법 농토를 일궈가며 식구들을 건사하셨고, 그런 당신의 삶에 자부심도 강했다. 무엇보다 자식들에게 노후 걱정을 시키지 않겠다며 투병동안의 병원비도 꼬박꼬박 당신의 통장에서 지불했다.

주변에서 유산상속 문제로 자녀들 간 불화가 일어나는 게 볼성사납다며 일찌감치 나름대로 정리를 해 두셨다. 그랬기에 자녀들 중 누구도 유산에 대한 이견은 없었다. 그런데 느닷없이 시아버지의 미처리 유산상속을 집행한다며 모이라는 시숙의 호출을 받았다. 아버님이 남겨주실 게 더 있었다면 아들딸에게나 주시지 며느리까지 챙기실 게 있나싶어 다소 의아스러웠다.

식구들이 모두 모인 자리에서 미처리 상속분이 공개됐다. 시숙은 대

장암으로 투병하시다 돌아가신 아버지가 임종 전 폐결핵에 감염되었다고 했다. 전염성이 있는 병이라 국민건강관리 차원에서 간병한 식구들 모두 검진을 받아야 한다고 보건소에서 연락이 왔단다. 폐렴인 줄 알았는데 결핵에 감염되었다는 사실이 돌아가신 후 밝혀졌다고 했다.

 순간 나는 내 귀를 의심했다. 의학적 상식이 범람하는 시대에 살면서도 폐결핵이라면 나는 아직도 창백하고 아름다운 소설 속 주인공이나 걸리는 병쯤으로 알고 있었다. 아니면 뭉크나 브론테 같은 유명한 예술가들에게나 찾아오는 범상치 않은 병으로 알고 있는 게 전부였다.

 시숙은 아버지가 남겨주신 유산이라 생각하고 병원에 가서 모두 검진을 받자고 했다. 온 집안 식구가 병원으로 가서 검진을 받았다. 가장 가까이서 시아버지를 모셨던 시누이와 시숙, 시동생이 잠복 결핵환자라는 통보를 받았고, 동서들과 나는 괜찮다고 했다. 잠복 결핵환자는 발병은 되지 않았지만 이후 몸이 쇠약해지고 면역력이 떨어지면 언제든 발병 위험이 있어 수개월 동안 약 복용을 해야 한다고 의사가 말했다. 실제 몸 안에 적은 수의 결핵균이 들어와 있지만 소수의 균이 활동을 시작하기 전 잠복한 상태로만 있기 때문에 남에게 전파되지는 않는다며 놀란 우리를 안심시켰다.

 시누이와 시숙, 시동생은 검사 결과에 따라 열심히 약을 복용하고 있다. 독한 약 복용으로 어지럽기도 하고 간혹 구토 증세까지 경험하지만 덕분에 술과 담배는 생각도 할 수 없단다.

  문제는 옆지기다. 시아버지의 미쳐리 상속분이 공개되던 날도 바쁘다는 핑계로 대신 다녀오라던 그는 아직도 밍그적거리며 검진을 미루고 있다. 시숙은 오늘도 내게 전화로 동생이 병원 다녀왔냐고 걱정스레 물어올 것이다. 나는 아버님이 내게 유산을 주시지 않아 서운하다며 누구보다 주고 싶었던 사람은 당신이라고, 그에게 검진을 종용했다. 그리고 흡연과 음주를 즐기는 아들이 걱정되어 아버지가 주신 유산을 거부하는 것은 불효라고 그의 뒤통수에 대고 한 마디 쏘아 붙였다.

시간은
서울행 KTX 열차처럼
빨리도 지나간다.
더위도 한풀 꺾이고
갈바람이 솔솔 불면서
집 근처 역세권
아파트 분양 소식이
무딘 나의 욕심을 깨웠다.

줄서기

가을 부채
고분에서 생명을 만나다
군자의 그림
산길을 걸으며
자인장에서
줄서기
행운
코이노니아
자화상

가을 부채

연보랏빛 들국화와 노란 국화가 그려진 합죽선이 반쯤 접힌 채 거실 한쪽에 초라하게 팽개쳐져 있다. 가을바람이 솔솔 불어오면서 손에서 멀어지고 아무도 관심 두는 사람이 없다. 청소기를 밀면서 걸리적거리는 부채를 접어 서랍 속에 아무렇게나 욱여 넣는다.

지난여름은 유난히 더웠다. 40년 만의 더위니, 열대야니 하면서 온 나라가 몸살을 앓았다. 폭염주의보가 내려지고 여기저기 열사병으로 쓰러졌다는 소식도 이어졌다. 본격적인 더위가 시작되면서부터 손은 연신 부채를 찾았다. 집과 사무실마다 에어컨과 선풍기로 냉방을 하고 있지만 나는 여전히 여름이면 부채를 즐겨 찾는다. 부채 하나로 온전히 무더위를 이기겠다는 생각은 아니다. 기계가 만들어 내는 바람보다 손에 든 작은 부채가 주는 한줄기 시원한 바람을 즐길 때가 있다. 선현들의 흉내를 내며 고풍의 멋을 부려 보겠다는 나름의 욕심이기도 하고, 지인으로부터 받은 선물이거나 바자회에 기증품으로 나온 부채를 사들고 와 곁에 두고 그림이나 글귀를 감상하는 재미도 덤으로 얻는다.

가끔은 합죽선에 난이나 매화를 그리고 염원의 글을 담아 고마운 분에게 선물하기도 한다. 작품이라기보다는 생활소품으로 한여름 사용하라는 의미다. 무더위에 지친 몸과 마음을 잠시나마 식혀줄 수 있기를 바라면서. 그러나 받는 사람은 그게 아닌가보다. 직접 그린 그림이라니 아끼느라 제대로 사용하지 않고 접어두거나, 전시용품으로 거실 한쪽에 펼쳐두기도 하고 액자로 만들어 걸어두기도 한다.

일전에 선물한 부채가 명함이 되어 돌아왔다. 부채 그림을 사진으로 찍어 넣어 예쁘게 만든 명함이다. 이름을 알릴만큼 내세울 것도 없는 사람이고 보니 명함 쓸 일도 많지 않지만, 정성과 수고가 묻어나 쉽게 사용할 수가 없었다. 내 부채도 아마 그런 대접을 받고 있는 모양이다. 물론 나도 때때로 전시장에 작품용으로 내다 걸기도 하지만 부채는 그 기능을 다할 때 더욱 요긴한 물건으로 대접받는 것이 아니겠는가.

해마다 여름이 시작되는 단오절을 앞두고 평생학습관에서 부채 그리기 수업을 해오고 있다. 예부터 내려오는 단오부채의 전통을 따라 하는 일이지만 특히 어르신들이 가장 기다리고 즐기는 시간이다. 본인 것은 물론 아내나 남편, 자녀들, 친구들에게 선물할 부채까지 이날만큼은 한껏 욕심을 부린다. 백지로 된 합죽선에 매화, 난초, 국화, 대나무를 그리고 받을 사람에게 줄 갖가지 축원을 화제畫題로 적는다. 이렇게 만든 부채는 소중한 사람들에게 한줄기 시원한 바람으로 전해져 여름 동안 제 역할을 충실히 해낼 것이다. 그림이나 글씨가 좀 미숙하면 어떠랴. 받는 이에게는 주는 이의 정성과 마음만으로 충분하다.

  그러나 서늘한 가을바람이 불면 부채는 역할을 잃고 손에서 밀려나 상자 속으로 들어간다. 추선秋扇 혹은 추풍선秋風扇이란 말이 있다. 가을의 서늘한 바람이 불어와 쓸모없는 부채라는 뜻으로 흔히 연인의 사랑을 잃은 여인에 비유되어 쓰이는 말이다.

    새로 재단한 제齊나라 흰 비단은
    서리와 눈처럼 깨끗하네.
    마름질 해 합환선合歡扇을 만드니
    밝은 달처럼 둥글구나.
    님의 품과 소매를 드나들며
    움직일 때마다 시원한 바람을 일으키네

늘 두려운 것은 가을이 되면
서늘한 바람이 더위를 앗아가
부채가 대나무 상자 안에 버려지듯
님의 은정이 중도에 끊어질까 함이네.

중국 한나라 성제成帝의 총애를 받던 후궁 반첩여가 지은 「원가행怨歌行」이라는 시다. 반첩여는 다른 후궁 조비연의 모함으로 성제의 총애를 잃고 조용히 살면서 자신의 처지를 쓸모없이 되어버린 가을 부채에 비유했다. '추선'이란 말은 이 시에서 비롯된 것으로 전한다.

가을 부채가 어디 남녀 사이에서만 비유되겠는가. 사람과 사람 사이에서 쓸모없어 버려지는 신세가 된다면 서글픈 일이다. 상황이 바뀌었다 하여 쉽게 버리고, 이해관계에 따라 가까이하는 사이라면 세상은 얼마나 삭막할까. 가을 부채는 여름이 오면 다시 찾을 수 있지만 한번 마음이 떠난 사람은 다시 돌아오기 어려우니 인간관계에 늘 신중해야 하리라.

고분에서 생명을 만나다

　오랜 세월 무덤에서 잠자던 진귀한 장신구들이 세상 구경을 나왔다. 은으로 만든 말띠드리개와 청동제 말안장은 넓은 들판을 달리던 기상을 그리워하는 걸까. 꿈꾸는 듯 아련하다. 금, 은, 옥으로 만든 반지, 귀걸이, 팔찌. 주인의 신분을 짐작하게 하는 갖가지 위세품은 녹이 슬고 귀퉁이가 떨어져 나가 1600년 세월을 건너온 흔적을 고스란히 간직하고 있다.
　시립박물관 특별기획전에서 만난 압독국의 왕은 몇 조각 뼈로 남아 있다. 고대 경산에 위치했던 압독국의 지배자로, 영원불멸을 꿈꾸던 그는 함께 묻힌 순장자殉葬者의 모습과 별반 다르지 않다. 위풍당당했을 모습은 사그라지고 이름조차 남아있지 않다. 생전의 화려하고 풍요로웠던 삶의 흔적은 함께 묻힌 껴묻거리와 죽음에 동행한 목숨들로 짐작할 뿐. 왕이 영원토록 이어가고 싶어 했던 생명의 숨결은 어디에도 없다. 긴 세월 흙 속에 붙박이로 누워 자연의 일부로 썩고 또 썩어왔을 것이다.

내 눈길을 끈 것은 순장된 한 어린 죽음이다. 섬기는 이를 위해 하나뿐인 목숨마저도 버려야 했던 가련한 주검. 살아남아 많은 것을 누려야 했을 생명은 자신의 의지와는 상관없이 죽음을 강요당했으리라. 피어보지도 못하고 뽑혀버린 어린 꽃은 제 죽음을 숙명으로 알고 순순히 받아들였을까. 나의 아이도, 나와 연고가 있는 이도 아니건만 단지 어리다는 것만으로 가슴이 저리다. 그 어린 것을 사지死地로 보내야 했을 부모의 심정은 또 어떠했을까.

전시된 모습이 아닌 자연그대로의 죽음을 만나고 싶었다. 박물관에서 나와 발길이 닿은 곳은 경산시 임당동과 조영동 고분군이다. 작은 산처럼 큼지막하거나 그만그만한 무덤들이 겹겹이 앉아있다. 무덤은 지금 나에게 무엇을 보여주려는 것인가. 어마어마한 둘레가 주인이 휘둘렀던 세력과 비례한다는 것을 우기려는 것인가. 권력 무상의 표본으로 남아 후세사람을 교훈하려는 것일까. 무덤 사이를 걷노라니 살아가는 것이 희망과 절망 사이를 아슬아슬하게 헤쳐 나가는 미로 같다는 생각이 든다. 살아오면서 무릎을 꺾고 싶을 만큼 힘들었던 때가 어디 한두 번이었으랴. '죽고 싶다'는 말을 아무렇지도 않게 입 밖으로 흘려보낸 적도 많았다. 그러면서도 그 고난의 골목을 뚜벅뚜벅 걸어 나와 여기까지 달려오지 않았는가. 이곳에서는 세상에서 그다지 우월하지 못한 내 모습에 주눅이 들지 않아서 좋다.

이 무덤들 앞에 서니 얼마 전 세상을 안타깝게 했던 한 아이의 죽음이 떠오른다. 친구들의 폭력에 시달리고 모욕당하는 삶을 감당할 수 없어 스스로 몸을 던진 한 어린 생명이. 사람의 손아귀에 든 참새처럼 여리고 가쁜 숨을 몰아쉬었을 작은 가슴이 권력자를 위해 죽음까지 강요당해야 했던 어린 순장자와 닮았다. 어른의 지나친 이기가 절대자의 무덤에 어린아이를 따라 보냈듯이, 헛것에만 집착한 어른들은 제 목숨을 떨어지는 꽃잎처럼 던질 수밖에 없는 처연한 어린 죽음에 무관심했다. 그 가녀린 꽃대가 감당할 수 없는 폭우와 강풍에 흔들리다가 줄기를 접기 전에 막아서 지켜줬어야 했다. 이러고도 어찌 이 세상 어른들이 그의 죽음을 방조한 공범이 아니라고 변명할 수 있을까. 나와 내 아이만의 행복에 도취해 있을 때, 담장 하나 사이의 이웃에서 무슨 일이 일어나고 있는지도 몰랐지 않았던가. 그리고 보니 저 무덤 속 어린 죽음도 결코 나와 무관해 보이지 않는다.

　5세기 초에 죽어 금호강이 한눈에 들어오는 임당동 구릉 가장 높은 곳에 자리 잡고 있는 저 큰 무덤의 주인공은 어떤 사람이었을까? 도굴되었음에도 800여 점의 많은 유물이 출토되었고, 자신의 안락한 사후 영화를 위해 네 사람이나 함께 데려갔다니 권력과 재력이 대단했던 지배자인 듯하다. 그러나 그는 지금 명패조차 없이 여기 짚단처럼 누워있고, 나는 산 사람의 권세로 부복俯伏한 고분 사이를 거닐고 있다. 그가 영생불멸의 도구로 데려갔던 이들은 주인의 유택 옆구리가 등겻섬에 생쥐 엉기듯 도굴꾼에게 헐릴 때 지킴이가 되지 못했다. 권위를 상징했던 갖가지 부장품도 인간 두더지들의 탐심만 자극했을 뿐, 어떤 방패막이도 되지 못했다. 권력도 한갓 살았을 때의 힘이지 죽은 후에는 단지 몇 줄의 기록과 녹슨 흔적뿐이다. 남의 무덤을 보며 죽은 내 모습을 들여다보니, 세상의 온갖 화려함이 하찮게 보이면서 어느 옛 철학자의 말이 떠오른다.

　'그대는 머지않아 만물을 잊게 된다. 만물도 머지않아 그대를 잊게 된다. 기억하는 것도, 기억되는 것도 머잖아 소멸하리니 명성에 연연하지 말라.'

　주변을 돌아보니 온통 원룸들로 둘러싸여 있다. 인근에 대학이 들어서면서 이곳도 택지조성이 되어 무덤은 일부 훼손되고, 변모되었으리

라. 살아있는 사람의 삶터가 되기 위해 죽은 자의 권력은 무력하게 허물어졌으리라. 무덤가에 빼곡히 들어선 집들, 그 안에 사는 사람들은 매일 아침 무덤을 지나 삶터로 걸어 나가고 있다. 그리고 저녁이면 다시 무덤을 지나 집으로 돌아와 그들과 함께 죽음 같은 잠을 잔다. 삶과 죽음이 이렇게 어깨동무하고 있다니…. 무덤 속 그들도 삶이 이렇게 가까이 있음을 알았다면 굳이 살아있는 사람을 데려가려 했을까. 억겁의 세월이 흐른 뒤에, 산 사람들이 이토록 무덤과 함께 어울릴 줄을 그들은 짐작하지 못했을 것이다.

영원불멸은 힘을 가진 사람들만의 꿈이었을까. 남을 지배하고 생명까지도 좌지우지할 힘은 어디에서 오는가. 살아서의 영광을 죽어서까지 누리고 싶었던 허욕이 억울한 생명을 죽음에까지 동행하게 한 것 같아 안타깝다. 화려한 장신구와 갖은 부장품으로도 모자라 죽은 이를 위해 시중들 생명까지도 갖추어 간 약육강식이 가히 동물 세계를 능가할 만하다. 이렇듯 사람의 피와 살 속에는 이기적인 유전인자가 뺄 수 없는 점처럼 박혀 있어 섬찍하다. 권력이 세월 앞에 이렇게 허물어질 줄 진작 알았다면 그런 무모한 집착에서 벗어날 수 있었을까. 생명이 영원하다면 이토록 귀하게 여겨지지도 않으리라.

무덤의 경계를 넘어 다시 일상으로 발길을 돌리는데 발아래 무성하게 자란 토끼풀 사이로 고개 내민 민들레꽃 한 송이가 눈길을 사로잡는다. 빛나는 금관보다도 화려한 보석보다도 더 아름다운 생명의 빛이 눈부시다.

군자의 그림

나는 오만 원 권을 좋아한다. 통용되는 모든 돈을 좋아 하지만 가장 고액권인 오만 원 권을 특히 좋아한다. 나의 오만 원 지폐사랑을 속물근성으로 치부한다 해도 할 말은 없다. 그러나 부피가 작아 사과상자 속에 넣어 전달할 검은돈으로 쓴다거나 돈세탁을 위한 편리성 때문에 좋아할 정도의 깜냥은 되지 못한다. 나뿐만 아니라 돈의 가치를 알만한 어린아이부터 노인에 이르기까지 오만 원 권을 좋아하는 건 모두 비슷할 것이다. 물욕에는 관심조차 없는 듯 겉으로는 고상한 인품을 내세우는 사람들도 생활 속에서 돈으로부터 온전히 자유로울 수 있을까.

새해 첫날 세뱃돈 대신 그림을 주겠다고 하자 아이들의 표정이 일그러졌다. 봉투를 열어본 아이들의 얼굴이 어리둥절했다. 봉투 속에 든 것은 분명 빳빳한 오만 원 신권이기 때문이었다. 그림을 찾아보라고 했다. 아이들 눈에는 숫자만 보일 뿐 그림이 언뜻 들어오지 않는지 머뭇거렸다. 차근차근 살펴보던 큰 녀석이 신사임당 초상화라고 자신 있게 말했다.

앞면에는 사임당의 묵포도도墨葡萄圖와 초충도수병草蟲圖繡屏 여덟 폭 병풍 가운데 일곱 번째 폭의 가지 그림이 들어있다. 실제 사임당의 포도 그림은 먹으로 그렸지만, 잎과 포도에 색깔을 입혔다. 가지는 색실로 자수를 놓아 한국 여인의 섬세한 손재주를 보여주는 작품이다. 지폐에서는 포도 뒷면에 그림자처럼 보이며 원작에 있던 풀과 벌레가 빠져있다. 그러나 실물의 품격을 알기에 지폐 속 그림을 보면서도 내 머릿속에는 원작을 그려내고 있다.

뒤집어 보면 매화나무 한 그루가 화면에 우뚝하다. 부러진 늙은 가지는 욕심 없는 마음인 듯 속이 비어 있고 수직으로 뻗어 오른 어린 가지는 기상이 드높다. 어몽룡의 월매도, 국립중앙박물관에 소장된 원본 그림은 비단에 수묵으로 그린 매화의 성근 꽃잎들이 잘 보이지 않고 꽃술과 꽃받침만 눈에 띄지만, 지폐에서는 꽃잎도 확연히 보인다. 가지 끝에 보일 듯 말 듯 숨어 있던 둥근 달도 선명하게 나와 있다. 뜰에 핀 매화를 보면 구부러진 가지에 달린 꽃들이 다양하다. 그러나 월매도는 의도적으로 직선을 내세워 매서운 추위에도 꿋꿋하게 피어나는 모습을 강조해 올곧은 선비의 모습을 표현하고 있다.

매화 뒤쪽에 배경처럼 바람에 일렁이는 담묵의 대나무가 서 있다. 조선중기 문인화가인 이정의 풍죽도는 흐릿한 세 줄기 대와 화면의 중심이 되는 한 줄기 대로 구성되어 있다. 중심이 되는 대는 담묵의 붓 끝에 조금 진한 먹을 찍어 한 붓으로 내달려 위로 올라갈수록 먹색이 옅어지며 비백이 나타났다가 허공으로 사라진다. 잔가지와 댓잎들은 농묵을 듬뿍 찍어 끝을 예리하게 뺀 다음 살짝 말아놓았다. 윤기 나는 검은 잎들이 제각각 다른 모양과 방향으로 뒤엉켜있다. 지폐 속 풍죽도는 월매도와 겹쳐 놓기 위해 먹색을 모두 연하게 처리했다. 간송미술관에서 본 원본의 품격을 찾을 수는 없지만 잎의 자연스런 이합집산만으로도 보는 즐거움을 느낀다.

그림 이야기로 시작한 새해 덕담은 돈의 사용에 대한 교육으로 넘어갔다. 매화와 대나무를 비롯한 사군자와 선비 정신을 설명한 후 올바른 경제 관념으로 이어졌다. 이야기를 하는 동안 나는 고매한 선비들이 품격을 중시하며 그린 그림이 경제생활의 수단이 되는 지폐에 그려진 건 어쩌면 아이러니라는 생각을 했다. 그리고 나와 인연이 있는 한 문인화가를 생각했다.

10여년 나이 차이에도 불구하고 그는 평생 함께 그림을 그리며 늙어가자고 했다. 버릇없는 스물한 살이었던 내가 이미 두 아이의 엄마였던 서른 중반의 그녀에게 함께 늙어가긴 싫다고 했던가. 아마도 그 때는 늙어간다는 생각조차 못했을 것이다. 끊어질듯 이어져 온 시간들이 어느덧 30년 세월이 흘러 그도 나도 이제 함께 흰머리가 늘어가고 있다.

차용증 한 장 없이 선뜻 돈을 빌려주었다면 꽤 가깝다고 느낀 사이였을 것이다. 그 정도의 액수라면 못 받아도 괜찮다는 생각이었을까. 아니 그에 대한 신뢰가 더 컸던 게 아니었을까싶다. 그는 처음 얼마동안 갚지 못해 미안해했다. 그냥 은행에 저축했다고 생각하라며 이자까지 붙여 꼭 갚겠다는 말을 했다. 그러나 강산이 변한다는 세월이 흘러도 그는 돈을 갚지 않았다. 목에 걸린 가시 같던 돈 이야기를 어렵게 꺼냈을 때 그는 기억조차 못했다. 내 마음은 신뢰감을 저버린 그를 자꾸 밀어냈다. 뜻하지 않은 자리에서 그를 만났을 때 이미 고희가 된 그가 내 눈에 유난히 작아 보였다.

사임당의 그림이 높이 평가받는 것은 작품성도 있지만 그의 삶이 귀감이 되기 때문일 것이다. 문인화는 기교보다 품격을 중시한다. 대나무의 반듯한 자세는 올곧고 당당한 선비의 기상을, 늘 푸른 잎사귀는 일관성을, 텅 빈 줄기는 청렴성을 비유한다. 돈, 무엇보다 잘 써야할 지폐에 문인화를 넣은 나름의 의미를 찾아본다. 직업적인 화가가 아닌 학문을 숭상하는 선비들이 그렸던 그림, 격조 있는 선비들의 그림을 지폐에 넣어 돈이 선비답게 쓰여야 할 것을 깨닫게 함이 아닐는지.

산길을 걸으며

 성암산을 바라본다. 정원인양 여기며 내 집 창가로 들여놓는 욕심을 부려본다. 여름이면 방충망에 잠자리, 매미, 여치들이 걸려 있곤 한다. 계절의 변화를 집안에서도 느낄 수 있다.
 바라보는 것만으로는 맘에 차지 않아 자주 산에 오른다. 아이들과 함께 일 때도 있고, 남편이나 친구들과 동행할 때도 있다. 그러나 혼자일 때가 더 잦다. 혼자 오르다 보면 가끔 길동무를 만난다. 이웃이나 아이학교 학모를 만날 때도 있지만 모르는 사람일 때도 동행이 된다. 산에서 만나는 사람은 쉽게 친구가 되어서 좋다. 자연을 닮은 마음이 되기 때문이다.

정상에 오르는 길은 여러 갈래이다. 출발점이 같은데, 가다가 갈라져 다른 길로 접어들기도 하고, 출발부터 아예 다른 곳에서 시작하기도 한다. 사람들이 가장 많이 다니는 길은 체육시설이 있는 길이다. 인라인 스케이트장과 충혼탑을 거쳐 수정사 옆으로 접어들면 제1체육시설이 나온다. 철봉이나 윗몸일으키기, 허리운동을 할 수 있는 간단한 운동기구가 설치되어 있다. 그 길로 따라가면 곳곳에 체육시설이 마련되어 있고, 6체육시설까지 이어진다. 잘 다듬어진 길이다. 야간에는 가로등도 밝혀진다. 군데군데 미끄러지지 않도록 계단을 만들어 두기도 했다. 누군가의 고마운 손길이 느껴진다. 6체육시설은 정상에 오르는 중간지점쯤 되는 곳이다.

　그곳에서 가파른 길로 오르면 정상에 도달한다. 가장 빠른 지름길이다. 그러나 나는 이 길을 좋아하지 않는다. 뒤쪽 응달진 곳으로 돌면 평탄한 길이 이어진다. 지름길로 갈 때보다 두세 배 더 많이 걸어야 하지만 산책하듯 걸을 수 있다. 보드라운 흙으로 잘 다져진 이 길을 맨발로 걷기를 좋아한다. 무거운 등산화를 벗어 양손에 들고 양말까지 벗어버린다. 맨발이 느끼는 흙의 감촉은 마치 어린아이 피부같이 발바닥을 기분 좋게 간질인다. 목을 축일 수 있는 약수터가 있어 더욱 좋다. 봄엔 양달에서 핀 꽃들이 다 진후에도 늦게 핀 참꽃이 남아 오래도록 볼 수 있어 좋다. 여름엔 햇빛을 가릴 수 있는 나무그늘이 우거져 좋고, 활엽

수가 많아 가을엔 낙엽 밟는 소리를 음미하며 걸을 수 있다. 겨울엔 쌓인 눈을 오래도록 볼 수 있어 더욱 좋다.

　수정사를 거쳐 성암사 쪽으로 오르는 길은 돌길이다. 길 양쪽으로 쌓아놓은 돌탑들이 줄지어 서 있다. 오르는 사람마다 길에 놓인 돌을 주워 탑 위에 얹으며 소원을 빈다. 이 길을 오간 수많은 사람의 소원이 모여 돌탑으로 서 있다. 나도 돌탑 위에 소원 하나를 얹는다. 울퉁불퉁 불편하지만, 운치가 있어 가볼 만한 길이다.

　나는 그때그때 기분과 내게 주어진 시간을 따져보고 갈 길을 정한다. 완만하고 편안한 길일수록 더 오랫동안 걸어야 한다. 짧은 시간에 다녀와야 한다면 가파르고 힘한 길을 선택해야 한다. 힘은 들지만, 시간을 줄일 수 있기 때문이다. 높이가 같은 삼각형에서 기울기가 낮을수록 빗변의 길이가 길어진다는 원리를 적용하지 않더라도 생활에서 경험하며 보고 느끼는 일들이다.

　살아가는 모습도 등산하는 것과 많이 닮아있다. 편안하고 여유롭게 살고 싶다면 목표는 멀어질 것이다. 목표를 빨리 달성하기 위해서는 힘들고 험난한 길을 선택해야 한다. 가장 단거리로 정상에 오르려면 암벽등반 하듯 튼실한 밧줄을 타고 절벽을 올라가야 한다. 그러나 그 길은 많은 것을 놓칠지도 모른다. 여유롭게 걸어가는 길에서 볼 수 있는 들풀과 꽃도 볼 수 없을 것이다. 풀벌레 소리도, 지저귀는 새소리도

들을 수 없고, 동행하는 친구를 놓칠 수도 있을 것이다.

　가파른 지름길보다 평탄한 흙길을 좋아하듯 살아가면서 여유를 가지고 싶다. 목표를 좀 넉넉한 곳에 두고 산책하듯 천천히 걷고 싶다. 가다가 그늘 좋은 곳이 있으면 잠시 쉬어 가고 싶다. 약수터에서 한 모금 물로 목도 축여 가며 길동무와 정담도 나눌 것이다. 살아가는 것은 과정이지 목표에 도달하기 위한 것은 아니다. 등산도 정상에 오르는 목적만이 아니라 가는 길을 즐기듯 삶도 순간순간의 여정을 즐기며 살고 싶다.

자인장에서

사무치게 그리운 고향은 아니다. 자동차로 한 시간이면 갈 수 있는 곳이다. 옛날 모습 그대로는 아니라도 마음만 먹으면 언제든지 갈 수 있는 고향이다. 그래서 마음이 울적해지거나 어깨에 힘이 빠질 때면 굳이 장을 보러 간다는 이유를 만들어가며 그곳으로 발길이 향한다.

설을 앞두고 대목장이 열리는 자인장은 초입부터 자동차가 줄을 잇는다. 90년대 중반부터 전통시장 정비가 되면서 주차 공간도 마련돼 있지만 외지에서 온 대목장 손님들이 타고 온 차량을 수용하는 데는 역부족이다. 좁은 시장통을 돌아 나와 차를 댄 곳은 길 건너 옛 청과시장 터다. 70, 80년대에는 지역에서 생산되는 복숭아, 사과, 포도, 대추 같은 과일 위탁판매를 하던 곳이다. 아직도 옛 건물은 그대로 남아있으나 빈터에 장보러 온 손님들이 주차 장소로 이용하는 모양이다.

길을 사이에 두고 있는 전통시장에 들어서자마자 '펑'하는 소리와 함께 김을 뿜어내며 콩이며 쌀을 튀겨내고 있다. 수북이 쌓아놓은 강정과 함께 명절이 다가옴을 느끼게 하는 풍경이다. 여느 장날보다 성시를 이루고 있는 곳은 역시 어물전이다. 설 차례상에서 빼놓을 수 없는 조기 등 생선을 사러 온 주부들이 줄을 서 있다. 생선 파는 가게마다 서너 명씩 가족 모두가 나와 대목 손님을 맞아 바쁜 손을 움직이고 있다. 제각기 필요한 것들을 고르고 묻는 통에 주인은 대답할 틈도 없나 보다.

"이 돔배기는 얼만교?"

"팔만원입니더. 아 거기 조기는 삼만 원이라예. 아지매, 이거 오늘 다 팔아야 되는데 바쁜데 말 자꾸 시키지 마이소."

손놀림만큼이나 빠르고 억센 고향 사투리가 오고 간다.

어물전 옆 제법 넓게 자리 잡은 그릇 점에는 크고 작은 냄비, 접시, 플라스틱 바구니 등 갖가지 생활용품이 수북이 쌓여있다. 가업을 이어오는 어릴 적 동무가 주인으로 앉아있다. 플라스틱 제품이 한창 나오기 시작하던 때 부친은 쏠쏠한 수입을 올렸는데 요즘은 그릇을 사려고 전통시장을 찾는 사람이 많이 줄었단다. 옆에 있는 그릇 점들은 수년

줄서기 71

전 문을 닫았고 본인도 명맥만 유지하고 있다고 했다. 어느덧 반백이 된 그의 모습은 어릴 때 보았던 사람 좋아 보이던 그의 아버지를 꼭 닮았다.

노점에 채소를 펼쳐놓은 낯익은 할머니가 아직도 그 자리를 지키고 있다. 처음엔 집에서 지은 농산물을 먹고 남아서 조금씩 내다 팔기 시작하던 것이 수년 전 아들을 먼저 보내고는 아예 장사에 나섰단다. 장에 나와서 사람도 만나고 큰돈은 아니라도 벌이가 되니 즐거움도 된단다. 이것저것 나물을 골라 담는데 갈고리 같은 손이 듬뿍 덤을 얹어준다. 인정에 버무려질 오늘 저녁 식탁은 더 푸짐해질 것이다.

어물전과는 달리 몇 군데 닭집은 한산하다. 닭 장사를 하며 자녀 셋 대학 공부시키고 결혼시키고 나니 늘그막에 남은 게 없다는 할아버지는 문전성시를 이루던 당신이 젊었던 시절을 추억했다.

"그때는 우시장도 크게 열렸지. 한쪽엔 염소며 닭, 개, 토끼 등 가축들이 거래되고 나무 의자에 쭈그리고 앉아 막걸리와 함께 먹는 장터국밥이며 추어탕 맛도 일품이었다."고 했다.

시장은 우리네 삶의 터전이다. 어릴 적 고향에서 열리던 오일장은 이웃과 만남의 장소이며 소통의 장소였다. 지은 농산물을 내다 팔고 필요한 물건을 바꾸어 오기도 하고 오랜만에 만난 사람과 국밥이나 국수 한 그릇의 인정이 오가던 곳이다.

편리함을 갖춘 대형마트에 밀려 점점 쇠락해 가는 전통시장의 모습이 이제는 꼭 내 고향 집 같다. 집터만 남아 인근 식당의 주차장으로 사용되는 내 고향 집, 허물어지고 남은 한쪽 담벼락에 줄기만 말라붙은 담쟁이넝쿨과 가지는 다 잘리고 앙상하게 등걸만 남은 감나무 같다.

몇 바퀴 돌다 보니 배가 고프다. 삼정식당에서 김이 추억처럼 모락모락 피어오르는 국밥 한 그릇을 마주하고 앉았다. 혀끝에 느껴지는 맛과 온기가 목 줄기를 타고 넘어가며 언 몸을 녹여준다. 엄마가 짜주던 털목도리처럼 따뜻하다.

'그래, 옛 모습 그대로가 아니면 어떠랴. 찾아올 고향이 있다는 건 다행이지. 댐 공사로 수몰된 고향을 절절히 그리워하던 사람도 있었지. 변하지 않는 게 있겠는가.' 스스로를 위로한다.

노점에 벌여놓은 책들이며 호미, 낫 같은 농기구가 옛 모습처럼 정겹게 다가온다.

"자인장 하면 대소쿠리 아이가 '자인장 바소쿠리'라는 말도 모르나. 바소쿠리처럼 입이 큰 물건이나 사람한테 하는 말 아이가. 허허허"

펼쳐놓은 책력을 들여다보는 노인은 한해 운수를 점쳐 보고 있다.

바소쿠리처럼 입 크게 벌려 한껏 웃는 모습의 사람들로 가득한 자인장을 한번 상상해본다. 이만하면 다시 살아갈 힘이 충전된 듯하다.

줄서기

　가슴에서 쿵 소리가 울렸다. 사달이 나도 보통 난 게 아니구나. 이 무슨 사변인지. 한여름 땡양달에 검정 우산으로 얼굴을 가리고 큰길가 인도에 무리 지어 쭈그리고 앉아있는 모습들을 보자니 걱정부터 앞선다. 조금 더 가다 보니 아예 야영하는 사람들로 붐빈다. 느슨하던 줄은 앞으로 갈수록 바람 받은 꼬리연처럼 팽팽해져 긴장감마저 감돈다. 줄 잡아 천 명이 넘어 보인다. 며칠째 텐트나 비치파라솔 안에서 숙식한단다. 분명 피서 인파는 아니다.
　아파트 조합원 접수를 위해 줄을 선 사람들이다. 선착순 접수를 한다는 소식이 알려지면서 사나흘 전부터 주택전시관 앞에 사람들이 줄을 서기 시작했다. 줄은 하루가 지나면서 수백 명으로 늘었고, 접수 전날엔 천오백 명쯤 붙었다. 자리를 지키기 위해 온 가족이 나서고, 알바생까지 동원됐다. 몸싸움이 벌어져 안전요원도 투입됐다. 은행이나 종합병원 원무과에서나 보던 대기번호표가 등장했고, 접수 시작도 안 했는데 벌써 번호표가 수백만 원에 거래됐다. 동, 호수가 결정되면 수천만 원의 프리미엄이 붙을 거란다.

10여 년 전 내가 고만고만한 연년생 아이를 기르느라 코 빠뜨리고 살던 시절, 식구들을 거느리고 여기저기 이사 다니던 동기생이 있었다. 가까운 지역에서 아파트를 사고팔면서 자주 이사 다니던 그가 몇 년 사이 큰돈을 벌었다는 이야기가 친구들 사이에 회자되던 기억이 났다.

그래, 세상은 저렇게 치열하게 살아야 하는구나. 내가 아직도 이렇게 사는 것은 내 게으름 탓인 게야. 학창 시절 공부도 못했고, 빼어난 미모도 아닌 P가 그렇게 잘 사는 데는 이유가 다 있는 거야. 그가 풀방구리에 쥐 드나들 듯 쫓아다니며 줄을 서는 동안 넌 뭐했니? 이 바보야. 지금이라도 줄 서 봐.

시간은 서울행 KTX 열차처럼 빨리도 지나간다. 더위도 한풀 꺾이고 갈바람이 솔솔 불면서 집 근처 역세권 아파트 분양 소식이 무딘 나의 욕심을 깨웠다. '줄 서 봐' 유혹의 목소리가 내 안에서 고추잠자리처럼 맴돌았다.

주택전시관이 공개되던 날, 고추잠자리는 온종일 머리가 어지럽도록 동그라미를 그려댔다. 현기증을 잠재우기라도 하려는 듯 주말에 주택전시관을 찾았다. 내 안에서 수도 없이 그려대던 동그라미를 풀어놓은 긴 줄이 기다리고 있었다.

한나절을 기다린 후 정작 문 안에 발을 내딛고 둘러보는 데는 잠깐이었다. 머릿속 동그라미를 지우러 갔지만 여전히 개운하지는 않았다. 인파를 피해 야외로 나가야겠다는 생각에 무작정 차를 달렸다.

마침 고향 오일장이 서는 날이다. 고향 장 어물전 앞에도 서른 명은 됨직한 사람들이 줄을 서 있다. 주인은 해동된 갈치를 한 움큼 잡히는 대로 도마에 놓고 대가리를 툭, 쳐내더니 적당한 길이로 텀벙텀벙 잘랐다. 크기는 작지만 줄잡아 스무 마리쯤 돼 보였다. 굵은 소금을 쳐서 봉지에 담으니 제법 묵직해 보인다. 그런데 오천 원이란다. 크기가 조금 굵은 것은 만 원이다. 손님들 가운데 아무도 마릿수를 물어보는 사람이 없다. 주인의 손대중으로 잘라주는 대로 담고 값을 치른다. 값에 비해 넉넉해 보이기 때문이다. 줄은 줄어들 사이도 없이 꼬리를 이었다.

"자인장 간갈치를 많이 먹었더니 피부까지 좋잖아요. 내 얼굴 좀 보소. 화장품도 안 발랐심더. 3일, 8일 자인장날마다 사러 옵니더."

아내가 다른 물건을 사는 동안 줄을 서서 기다리던 중년의 신사가 사람들을 향해 우스갯소리를 던진다. 싼값에 푸짐한 갈치가 입맛까지 사로잡는다고 한마디씩 거든다. 모두 중년의 문턱을 넘은 고향 아재, 아지매 같은 분들이다.

둘러보니 어물전이 몇 곳 눈에 띈다. 모두 어슷비슷하게 보이는 자반갈치를 팔고 있지만 이 가게에만 유독 줄을 서서 기다린다. 이유를 물으니 가업으로 이어오는 40년이 더 된 어물전이란다. 할아버지에 이어 아버지가 스무 살부터 해 오던 가게를 젊은 부부가 이어받아 하고 있단다. 이태 전 아버지가 세상을 떠나면서 오랫동안 경험으로 익혀온 것을 아들에게 그대로 전수해 주었단다.

멀찍이 서서 지켜보던 나도 슬그머니 뒤로 가서 줄을 섰다. 신선한 갈치 한 마리 값도 안 되는 값에 이렇게 많이 주고도 남는 게 있느냐고 물었더니 사실 남는 게 없단다. 간갈치는 아버지가 오랫동안 팔아오던 인기 품목이기 때문에 손님을 모으기 위해 팔고 있다고 젊은 주인이 말했다.

"손님이 와야 다른 생선도 팔 수 있고, 전통시장도 살지예. 주 상품은 돔배기, 조기 거튼 제수용품입니더. 하루 종일 줄을 서는 가게니 돈 많이 벌 거라고 생각하지예. 사실은 실속이 없심더. 그저 묵고 살만하지예."

웃고 있는 그의 얼굴이 싱싱한 은빛 갈치 같다. 내 머릿속을 맴돌던 고추잠자리도 어느덧 푸른 가을 하늘을 향해 날아가고 있었다.

행운

　네잎클로버가 나를 향해 싱그레 웃고 있었다. 산책길에서 행운을 상징한다는 잎을 만났다. 애써 찾아보려고 하던 때는 눈에 띄지 않던 잎이 무심한 눈길에 이렇게 우연히 만나는 수도 있구나 싶어 입가에 미소가 번졌다. 가던 길을 멈추고 앉아 주변을 살펴보았다. 온통 세 잎으로 둘러싸인 가운데 신기하게도 옆에 네 잎이 몇 개 더 눈에 들어왔다. 하나도 찾기 어려운데 몇 개씩이나 보다니 오늘은 행운이 무더기로 들어오려나 싶어 덩달아 기분이 좋았다.
　약속된 장소로 나갔다. 도심 속 아파트 광장에서 열리는 작은 음악회에 참석하기 위해서였다. 벽을 허물고 이웃 간 정을 나누기 위해 주민들이 만든 행사라기에 가보기로 했다. 분수 광장에는 일찌감치 자리 잡고 앉은 가족들로 붐비고 있었다.

입담 좋은 사회자가 참가자들의 관심을 모으기 위해 선물부터 공개했다. 퀴즈에 답을 하거나 제시하는 물건을 빨리 가져 나오는 사람에게 상품을 주고, 행운권 추첨으로 선물도 주겠단다. 어른, 아이 할 것 없이 눈과 귀를 사회자에게 던져놓고 있다. 나 역시 상품이나 선물에는 초연할 수 없었다. 내게도 기회가 올 수 있다는 생각에 그 대열에 합류했다.

퀴즈 문제와 답이 나오고 상품이 전달되며 분위기는 무르익어 갔지만, 나는 내심 풀이 죽었다. 재치도 순발력도 없는 내가 넌센스 퀴즈를 풀 수도 없거니와 지금껏 행운권 추첨에는 한 번도 당첨된 적이 없었다. 행운은 늘 내 곁을 비껴갔다.

언젠가 초등동기회 모임에서 참석자 모두에게 주기 위해 예상 참석자 100명에게 줄 선물을 미리 준비하고 행운권 추첨을 통해 전달했던 적이 있었다. 그러나 그날 참석자는 102명이었고, 행운에서 제외됐던 2명중 1명은 나였다. 친구들은 확률상 100명에 속하는 것보다 2명에 드는 것이 어려우니 선물을 못 받은 것이 오히려 행운이라고 했었다.

그러나 오늘은 네잎클로버를 몇 개나 본 날이 아닌가. 내게도 행운이 따라올지도 모른다. 중간중간 주민들의 장기 자랑과 초대 손님의 공연이 이어졌지만, 관심은 온통 상품에 쏠려 있었다. 그날의 내 소임이었던 행사취재도 뒷전이었다. 시간이 흐를수록 상품은 점점 커졌고, 참가자들의 관심도 비례해서 부풀었다. 때마침 사회자가 제시한 것은 '과태료, 범칙금 납부 영수증'이었다.

"입주민 여러분, 지갑을 열어보세요. 지갑 속에 과태료나 범칙금 납부 영수증이 있는 분 빨리 가져오세요. 여기 이곳에 있는 제일 큰 선물을 드리겠습니다. 노상 방뇨 과태료 영수증은 추가로 선물 다섯 개 더 드립니다."

여기저기 웃음과 박수 소리가 터져 나왔다. 순간 지갑 속 주차위반 과태료 영수증이 생각났다. 얼른 꺼내 나가려다 주춤했다. 과태료가 뭐던가. 질서유지를 어기고 의무를 위반하여 받게 된 금전적 징계가 아닌가. 큰 범죄는 아니라 하더라도 결코 자랑스러운 일은 아니다. 이 많은 사람 앞에서 상품에 혹하여 내 잘못을 스스로 광고하듯 드러내야 하느냐, 눈에 들어온 저 큰 상품을 놓쳐야 하느냐는 생각 사이에 잠시 갈등이 오갔다.

사회자는 유혹하듯 상품을 들어 보이며 재촉했지만, 나가는 사람은 아무도 없었다. 전날 은행에 들러 지진납부로 20% 할인까지 받은 지갑 속 3만 2천원 주차위반 과태료 영수증을 만지작거리며 갈등하는 사이 이미 프로그램은 다음 순서로 넘어가 버렸다. 아쉬움이 남았다. 내가 사는 동네도 아니고 나를 아는 사람도 없는데 순간의 민망함만 넘기면 큰 상품이 내 것이 될 수도 있었는데. 놓친 상품은 더 크게 보였다.

몇 장의 사진을 찍고 메모를 하고 행사가 끝나갈 무렵 집으로 발길을 돌렸다. 돌아오는 차 안에서도 그 큰 상자 속 상품이 궁금했다. 주차위반 스티커를 뗀 날의 씁쓰레한 기분을 만회할 절호의 기회를 놓친 것 같아 아쉬웠다. 어느 문학모임에 나간 날이었다. 가입을 염두에 두고 모임의 성격을 알아보기 위해 참석한 날이었다. 조금 늦게 도착해 주차 장소를 살피다가 못 찾고 이미 문을 닫은 골목 어느 상점 앞에 차를 세워둔 것이 화근이었다. 오늘 그 화근으로 인해 더 큰 행운을 잡을 수 있었는데 내 소심함이 답답해 보이기까지 했다.

며칠 후, 아파트 음악회 행사가 일간지 '동네뉴우스'에 소개됐다. 내 이름과 메일주소와 함께. 신문을 본 여고 동기생이 메일을 보내왔다. 자기가 살고 있는 아파트가 신문에 소개되어 유심히 보다가 내 이름을 발견하고 연락을 했단다. 반가웠지만 그날의 내 갈등을 생각해 보니 아찔했다. 그 친구도 그 자리에 있었을 것이다. 상품을 포기한 것이 얼마나 다행스럽던지. 하마터면 30여 년 만에 만난 친구에게 감추고 싶은 모습을 들킬뻔하지 않았는가. 휴~ 한숨이 나왔다. 상품을 포기한 것이 내겐 행운이었다. 그날 아침 산책길에서 만난 네잎클로버 덕분이라는 생각이 들었다.

코이노니아

신이 다른 동물과 구별하여 인간에게 준 가장 큰 선물은 손이 아닐까? 특히 미술 영역의 예술가들에게 손은 신체 어느 부위보다 중요한 역할을 하고 있다. 내게 피할 수 없는 장애가 온다면 손이나 눈보다는 귀나 발이었으면 한다는 생각을 해본 적이 있다.

설을 쇠자마자 결려오기 시작하던 어깨가 급기야는 돌아눕지도 못할 만큼 아팠다. 옷을 입기도 힘들고 자다가도 몇 번씩 통증 때문에 잠을 깼다. 새 학기 개강이 다가오니 마음은 더욱 초조했다. 침을 맞기도 하고, 물리치료를 받아도 쉬 나을 것 같지 않아 지인이 소개한 통증클

리닉의원을 찾았다.

"자동차를 오래 타면 자꾸 삐걱거리며 덜컹거리는 소리가 나지요. 정비소에 가면 결합부나 이음새에 틈이 생기거나 느슨해져서 볼트를 조이고, 용접을 하고, 기름을 치기도 합니다."

의사는 인체도 많은 활동과 노화에 따라 관절과 근육에서 비슷한 현상이 일어난다며 인대나 근육의 힘줄을 강화시키는 치료를 해야 한다고 했다. 왼쪽 어깨와 팔이 아파 그나마 다행이라고 여겼다.

그동안 오른쪽 손목과 어깨, 팔꿈치가 종종 아파 병원을 찾을 때마다 의사는 무리한 사용으로 인대나 연골이 닳았다며 사용을 줄이라고 했었다. 운동선수도 아니고, 심한 육체노동을 하는 근로자도 아닌데, 여느 주부라면 으레 하는 집안일과 붓으로 그림을 그리고 글씨를 썼을 뿐인데 벌써 노화라니, 애써 의사의 말을 믿지 않으려 외면했다. 치료를 받으면서도 여전히 집안일을 하고 그림을 그렸다. 급기야 의사는 "이렇게 말 안 듣는 환자는 치료 못한다."며 화를 냈다.

숙제하지 않은 학생처럼 의사 앞에서 주눅이 들었다. 다음부터는 말 잘 듣겠다고 반성문을 쓰듯 고분고분해져 그림 그리던 붓을 내려놓았다. 컴퓨터 앞에 앉지도 않고, 집안일도 팽개치고, 한껏 게으름을 피우며 뒹굴뒹굴 휴가를 즐겼다.

오른손과 팔이 나으면서 왼팔이 아프기 시작했다. 오른팔에 비해 사용이 적다고 관심에서 조금 비껴나 있던 왼팔이 아프면서 관심을 받기 시작했다. 오른손잡이인 나는 왼손과 왼발의 중요성을 인정하지 않았다. 그냥 오른손이 하는 일을 조금 도와주는 정도라고만 생각했다. 몇 년 전 오른쪽 다리를 다쳤을 때도 하필이면 오른 다리를 다쳤다고 불평했다. 왼쪽 다리를 다쳤으면 운전도 할 수 있을 거라며 사용을 안 하는 왼 다리가 다쳤으면, 좋았을 것이라 생각했다.

프랑스의 미술평론가인 앙리 포시앙은 그의 저서 『형태의 삶』의 부록으로 쓴 「손의 예찬」으로 더욱 유명하다. 그는 예술가에게 손의 중요성을 일깨우고, 아름다운 문체로 손의 역할을 예찬하고 있다. 오른손보다 특히 왼손을 극찬하고 있다. 능숙하고 민첩하게 척척 일처리를 해내는 오른손보다 단조로운 노동의 반복으로 봉사만 하는 왼손의 가치를 말하고 있다.

그의 말대로 양손은 분명 똑같이 생긴 쌍둥이는 아니다. 왼손은 붓과 칼을 잡는 힘이 분명 오른손만 못하다. 그러나 그림을 그릴 때 붓을 잡는 손은 오른손이지만 종이를 움직이지 않게 잡는 손은 왼손이다. 무채를 썰 때 칼을 든 손은 오른손이지만 도마 위에서 무를 잡고 있는 손은 왼손이다.

오른손이 일을 할 때 왼손이 말없이 도와주고 있다는 것을 아프면서 비로소 알게 됐다. 오른손이 아플 때는 슬그머니 왼손에게 일을 떠넘

기기도 한다. 왼손과 연결된 왼팔도 물론 함께 일을 한다. 그동안 왼손을 너무 홀대했다는 생각이 들었다. 돕는다는 것의 중요성과 지체마다 각자 나름의 맡은 일들이 있음을 뒤늦게 깨달았다.

　우리가 오른손만 두 개 가지지 않는 것이 참으로 다행한 일이다. 서로 주도적 역할을 하려고 다투거나, 지나치게 민첩하여 눈코 뜰 새 없이 바빠질 수도 있을 것이다. 찬사를 받는 쪽은 언제나 앞서 나가는 오른손이다. 그러나 오른손의 영광은 자신을 드러내지 않고 묵묵히 돕고 있는 아름다운 왼손 덕분이 아닐까.

자화상

　마치 오래된 흑백사진을 보는 듯하다. 에칭 기법을 이용한 동판화 작품은 작지만 정교하고 섬세하다. 대구미술관에서 전시중인 렘브란트 자화상 앞에 서서야 그를 왜 17세기의 사진가라고 소개했는지 알 것 같다. 덥수룩한 긴 머리, 찌푸린 얼굴, 소리치듯 입을 벌린 모습과 돌난간에 기대어 있는 자화상, 모자를 쓰고 스카프를 두른 어두운 모습, 흰 칼라 옷을 입은 곱슬머리 등 다양한 표정이 보인다. 털모자, 부드러운 모자, 납작한 모자, 쓰고 있는 모자도 여러 가지다. 사도바울로 분장한 자화상, 두 개의 원이 있는 자화상, 아내와 함께 있는 자화상도 있다. 청년 시절부터 나이 든 모습까지 그가 살아온 이력을 그대로 보여주는 것 같다. 작품은 자화상뿐만 아니라 아내 사스키아를 비롯해 젊은 여성, 노인, 행인, 거지, 악사 등 거리의 사람들 초상화도 있다. 아담, 하와, 아브라함, 사마리아사람 같은 성경 속 인물도 등장한다. 카메라가 발명되지 않았던 시절 자화상과 초상화는 그 사람을 표현하는 대표적인 방법이었을 것이다.

화가들의 작품을 관람하다 보면 자주 자화상을 마주하게 된다. 그런데 렘브란트만큼 자화상을 많이 그린 화가는 드물 것이다. 고흐와 프리다 칼로의 자화상도 기억에 남는 작품이다. 프리다도 많은 자화상을 남겼지만 제일 먼저 생각나는 것이 이마에 남편의 얼굴을 그려 넣은 그림이다. 자신에게 고통을 준 남편을 눈이 세 개인 사람으로 그려 이마 위에 얹어 놓은 그림을 미술평론가들은 내면의 고통을 표현한 초현실주의 작품이라고 했다. 사실적인 자화상만 생각하던 나에게 인물화에 대한 생각을 바꾸게 했던 작품이기도하다.

그림을 배우던 시절, 문인화를 그리던 붓으로 자화상을 그린 적이 있다. 사진을 확대해 옆에 두고 먼저 연필로 윤곽을 그린 후 세필로 그렸다. 우리 전통 그림 기법으로 머리카락 한 올 한 올을 표현하자니 쉽지 않았다. 윤두서와 강세황의 자화상을 흉내 내어 보려 했지만, 섬세함을 도저히 표현할 수 없어 결국 미숙하고 어설픈 그림이 되고 말았다. 자화상은 자기 자신의 모습을 스스로 그린 그림이다. 그림으로 그리기도 하지만 언어로 표현한 문학작품도 있다. 문학은 내면의 모습을 좀 더 은유적으로 표현할 수 있지 않을까 싶어 글로 자화상을 표현해 보려고 한 적도 있지만, 그림보다 더 어렵다는 생각이 들었다. 그림이든 글이든 자화상을 그리려면 우선 자기 자신을 잘 들여다봐야 할 것이다. 렘브란트도 수없이 거울을 들여다보며 습작했을 것이다. 가장 손쉬운 모델이 자기 자신이었을 테니까.

거울을 들여다본다. 늘어난 흰 머리카락, 미간에 잡힌 주름, 눈 주변과 코와 입을 중심으로 좌우에 짙어진 팔자 주름이 선명하게 드러난다. 10여 년 전 세상 떠난 엄마의 모습이 보이기도 한다. 나이 들면 자기 얼굴에 삶의 이력이 드러난다던 말이 떠오른다. 윤동주 시인이 우물 속을 들여다보며 자기를 성찰했듯이 거울 속에 비친 내 모습을 보며 지나온 삶을 생각한다. 미간의 선명한 세로 주름이 세상을 향해 늘 인상 쓰며 살아온 듯하여 마음이 불편하다. 시원찮은 시력 탓을 해보지만, 핑계일 뿐이다. 불만투성이의 내 모습이 그대로 드러난다. 겉으로는 평온을 가장했지만 내면은 언제나 태풍의 소용돌이 속을 헤매며 살아온 것 같다.

문학을 공부하던 혼란했던 청년 시절, 취미로 시작한 서예와 문인화의 재미에 빠졌다. 동아리 전시회에 출품한 서예 작품을 보고 전공을 바꾸는 게 좋겠다던 지도교수의 한마디는 오래도록 마음에 머물렀다. 학창 시절, 공모전에서 대나무를 그려서 받은 상은 문인화가의 꿈을 갖게도 했다. 이후 그림 공부를 하면서도 문학에 대한 아쉬움은 버릴 수가 없었다. 어느 하나 열정을 쏟아붓지 못하는 내 우유부단함은 늘 뒷줄에서 서성거리게 했다. 주목받는 앞자리 보다 뒷자리가 편안하기도 했다.

 문인화는 직업적인 화가가 아닌 선비들이 그린 그림이다. 글을 읽고 학문을 하던 선비들이 당시의 서사 도구였던 붓으로 글공부를 하다가 남은 먹을 이용하여 취미 삼아 그리던 그림에 시원을 두고 있다. 선비들이 지향하던 정신의 속성을 지닌 식물인 매, 난, 국, 죽 사군자가 주된 화목이었다. 정밀한 기교보다는 필획의 운치를 중시했고 화제가 쓰였다. 화제에는 그림에 어울리는 시와 화가의 감흥이 들어갔다. 그러니 문인화는 문학과 그림의 합작품이다.

 스무 살에 처음 붓을 잡았으니 뒤돌아보면 문인화와 함께한 세월이 길다. 선비들이 그러했듯 내게도 여가 시간을 즐기는 좋은 취미였다. 부딪힌 현실이 힘들어 흐트러지고 포기하고 싶을 때 마음을 가다듬게 해준 버팀목이기도 했다. 이제 그림이든 글이든 제대로 된 자화상 하나쯤은 남기고 싶다. 그때는 프리다 칼로처럼 파격적인 작품은 아니더라도 사진같이 외형만 닮은 그림이 아니라 내면까지도 그려낼 수 있으면 좋겠다.

토우를 만들고 있는
그의 손은 신의 손을 닮았다.
태초에 신이 흙으로
자신을 닮은 형상을 빚고
생기를 불어 넣어
사람을 만들었을 때도
이렇게 만들었을까.
그는 오늘도 신의 손으로
인간을 빚고 있다.

토우

계발선인장

경계

슬픔에 관하여

토우

입춘대길

중독

온달장군

포진

텅빈 충만

목발

게발선인장

    딱딱한 줄기 끝마다 분홍빛 연한 꽃잎을 달고 있는 모습이 애처로우면서도 환하다. 마치 젊은 날 그 친구의 모습처럼. 날씨가 추워지면서 옆지기가 옥상에 있던 작은 화분을 거실에 들여놓았다. 거실 온기에 줄기마다 촛불을 켜더니 용하게도 성탄절에 맞추어 꽃을 활짝 피웠다.
    언제부턴가 옆지기가 이 화분에 유독 정성을 쏟는 것이 마음에 걸렸다. 몇 해 동안 거르지 않고 한겨울에 꽃을 피워주니 사랑스러웠겠지만 내 마음은 내심 불편했다. 화분을 볼 때마다 옛 친구를 생각하는 내 속내를 알고도 이 사람은 이렇게 살갑게 대할 수 있을까? 몇 번이나 목

구멍까지 올라온 화분을 선물한 친구 이야기를 꺼내려다 접었다.

삼십 년도 더 되었으니 내게는 옆지기 보다 훨씬 이전에 내 품으로 들어온 화분이다. 봄 햇살이 서실 창가에 내려앉아 졸고 있던 어느 날, 친구는 게발선인장 꽃이 온통 덮인 조그마한 도자기 화분을 쑥스럽게 전해주고 갔다. 꽃이 피어있는 동안은 곁에 두고 즐겼지만, 오랫동안 나에게 귀한 대접을 받은 것은 아니다. 이후로 쭉 잊고 살았다. 친정집 한 모퉁이에서 엄마가 키우던 다른 화분들 속에 섞여 때가 되면 꽃을 피우고 졌을 것이다.

노령의 엄마가 이사하던 날, 나는 화단 한구석에서 낯익은 화분 하나를 발견했다. 잊고 지냈던 친구가 생각나 집 근처 화원으로 들고 가 게발선인장을 심어왔다. 화분은 옛 모습을 되찾았고 꽃을 피웠다. 꽃을 보면 그 친구 생각이 끓는 수제비 냄비의 밀가루 반죽처럼 떠오르기 시작했다.

양조장 집 칠 남매의 막내인 그는 개구쟁이였지만 모난 데 없이 착하고 순했던 어릴 적 친구다. 우리 집과는 달리 형과 누나가 많은 그가 나는 늘 부러웠다. 제법 자라서도 격 없이 친하게 지낼 수 있었던 것은 그가 지닌 섬세하고 부드러운 성품 때문이었다.

영문학을 전공했던 그는 가끔은 워즈워드, 로버트 번, 브라우닝의 시를 들려주기도 했고, 당시 유행하던 팝뮤직 허튼의 All for the love of a girl 을 원어로 흥얼거렸다. 내가 부전공이랍시고 영문학 강의실을 기웃거린 것도 그의 영향이 아니었을까 싶다.

그의 친구와 내 친구가 결혼식을 할 때도 우리는 함께 참석했다. 멀지 않은 곳에서 농사를 지으며 살던 부부가 첫아이 돌잔치에 우리를 초대했을 때 갓 운전면허증을 딴 그가 형 차를 빌려 타고 나와 함께 잔칫집으로 갔다. 그날 저녁 몇 차례 맥주잔이 오갔고 초보에 음주운전까지 할 수 없어 발이 묶였다.

과수원 안에 집을 짓고 살던 신혼 부부는 난방비를 아끼느라 방 한 칸만 난방했고 늦가을 제법 쌀쌀한 밤기운에 냉방에서 잘 수 없어 우리는 함께 혼숙했다. 가운데 아기를 눕히고 양쪽에 아기 엄마 아빠가 누웠다. 그리고는 엄마 옆에 내가, 아빠 옆에 그가 누웠다. 돌잔치로 곤한 부부는 눕자마자 코를 골며 잠에 빠져들었고, 벽을 향해 돌아누운 나와 그는 뒤척였다.

"자니?"

"응."

"자는 사람이 말을 다 하네."

"잠꼬대다."

"밤바람이나 쐬다 새벽 일찍 집에 가자."

우리는 혹 부부와 아기가 깰까 살금살금 방을 빠져나와 과수원 길을 걸었다. 농촌의 밤은 적막할 정도로 고요했다. 10월 보름달은 대낮같이 밝아 나무에 달린 알이 굵은 사과가 손만 들면 잡힐 듯했다.

그가 어느 날 미국 유학 준비를 한다고 했다. 이민 간 누나가 있었기에 어렵지 않게 결정했다고 했다. 오랫동안 친구가 되어 주어 고마웠고, 자기보다 더 멋진 사람을 소개해 주겠다고 했다. 그와의 송별 자리라고 나갔던 곳에서 말쑥하게 정장을 차려입은 그와 닮은 형을 만났고, 눈치 없는 내가 뒤늦게 그의 형과 나의 맞선자리였다는 것을 알고는 당황했다. 그는 내게 에리히 프롬의 '사랑의 기술'을 마지막 선물로 줬고, 나는 '미국 유학 가이드'라는 제법 두툼한 책을 사주었다. 그렇게 떠났던 그는 다시 돌아오지 않았다.

독신을 고집하던 나도 서른이 넘어 결혼했다. 친하게 지내던 고향 친구들이 모두 품절 남녀가 된 후 부모님의 성화에 못 이겨 한 결혼이다. 그와 옆지기, 나는 모두 초등학교 동기다. 옆지기는 간혹 그의 소식을 집안까지 달고 왔다. 하던 공부를 그만두고 궂은일을 한다더니 마흔이 넘어 교포 아가씨와 결혼했다고 했다. 넉넉한 집안에서 부모님과 형, 누나들의 사랑을 받으며 부족함 없이 살던 그가 타국에서 겪었을 어려움을 생각하니 마음이 짠했다.

옆지기는 오늘도 건조한 실내공기에 꽃이 시들까 봐 화훼용 스프레이로 게발선인장에 물을 뿌려주고 있다. 내가 그 화분을 보며 누구를 떠올리는지 까맣게 모른 채 정성을 쏟고 있다. 미국에서 살고 있을 그의 소식을 옆지기에게 슬쩍 물어봤다. 동기회에서도 소식을 아는 친구가 없는 걸 보니 무소식이 희소식이겠지. 옆지기의 대답이 시큰둥하다.

처음 화분에 심어졌던 게발선인장과 같은 것으로 알고 심었는데, 꽃 피는 시기가 달라 화원에 알아봤다. 게발선인장은 꽃이 피는 시기에 따라 부활절 선인장, 성탄절 선인장이라 구별하여 부르고, 꽃말은 '불타는 사랑'이란다. 처음 그가 내게 선물할 때는 부활절 선인장이 심겼는데 내가 다시 심은 꽃은 성탄절 선인장인가 보다. 화분은 어떤 꽃이 심어졌든 쏟은 정성만큼 예쁘게 꽃을 피우고 있다. 같은 게발선인장도 꽃 피는 시기가 다르듯이 젊은 날 이국땅에서 뿌리내리기 위해 힘든 시기를 겪은 그도 아마 지금쯤은 씩씩하게 꽃을 피우며 잘 살고 있겠지.

경계

　새벽이면 자전거를 타고 나선다. 대구 매호천을 지나 남천을 타고 오르면 곧 경산이다. 코로나19로 미술 수업을 휴강하고 느슨해진 시간과 마음을 다잡기 위해 매일 대구와 경산의 시 경계를 넘나든다. 비가 오는 날은 우산을 쓰고 걷는다.
　아침 공기가 기분 좋게 볼에 와 닿는다. 매일 같은 길을 오가도 그날 그날의 모습은 늘 새롭다. 날씨와 계절의 변화에 따라 다른 모습이다. 쑥이 돋아나고, 버드나무에 물이 오르더니, 매화가 피고 또 진다. 강변엔 유채꽃이 만발했다가 금계국으로 바뀌고 어느 사이 보라색 갈퀴와

자운영과 개망초가 점령하기도 한다. 아침 햇살을 받은 강엔 은빛 윤슬이 반짝인다. 물오리 떼가 노니고 왜가리가 정물처럼 서 있다. 모네의 그림 속 정원 같다.

일전에 초등동기회에서 부고가 날아왔다. 대개는 부모상인데 이번엔 본인상이다. 아직 공직에서 퇴직하기 전인 친구가 세상을 떠났다니 당황스러웠다. 문상을 다녀온 친구들의 이야기가 분분하다. 가족을 떠나 관사에서 혼자 생활했는데 출근하지 않아 동료 직원이 찾아가 보니 홀로 쓰러져 있었단다. 병원으로 옮겼으나 때가 늦었다.

이웃에 살았고 같은 반이었던 그 친구를 생각하니, 마음이 짠했다. 노모와 미혼인 자녀와 아내를 두고 가는 길이 편했을까. 어릴 적 꽤 영민했던 그는 가족의 희망이었다. 명문대 법학과에 입학했을 때는 어머니와 누이들의 자랑이었다. 넉넉하지 않은 집안에서 학비를 대기 위해 누이들은 진학을 포기했지만 그래도 그가 성공하기만을 바랐다.

사법고시에 여러 번 실패하고 공직에 입문한 그는 이루지 못한 꿈 때문에 늘 쓸쓸하지 않았을까. 호방한 성격이라서 내색하지 않았지만 살아오면서 누이들에게 진 마음의 빚은 그를 짓누르지 않았을까. 자기 건강을 돌볼 만큼 정신적 여유가 없었던 것은 아니었을까. 아니 특별한 증세가 없으니 건강에 무심하지 않았을까. 이런저런 생각을 하다 보니 남의 일이 아니다.

지난해 건강검진 때 대사증후군이란 진단을 받았다. 혈압과 혈당, 콜레스테롤 수치가 정상치를 벗어나고 있단다. 약 먹을 단계는 아니지만, 관리하지 않으면 수년 내 병증으로 진행될 수 있다고 의사는 겁을 주었다. 받아본 검진자료에도 내 건강 수치는 정상인과 환자의 경계에 있다. 운동과 생활습관을 개선하고 식생활도 바꾸어 체중부터 줄이라고 한다. 갱년기에 들어서면서 허리둘레가 눈에 띄게 늘었다. 국민건강보험공단에서 '맞춤 건강 노트'를 보내오고, 건강생활을 실천하고 있는지 전화로 체크한다. 관리 대상이 된 모양이다. 모르는 누군가가 내 건강에 대해 걱정해 주니 고마운 일이다.

코로나19가 온 나라를 뒤흔들고 있다. 내가 살고있는 대구와 인접한 경산까지 확진자가 늘어나 매일 뉴스에 오르내린다. 자고 나면 늘어나는 숫자에 깜짝깜짝 놀란다. 사망자도 늘어간다. TV에서는 외출을 자제하고 사회적 거리 두기를 하라고 계속 독려한다. 집에서만 지내니 활동량이 줄어 체중은 더 늘어난다. 급기야 '갑자기 살이 확 찐 사람'을 일러 '확찐자'라는 유행어까지 생겼다.

생활 습관을 체크해 보았다. 계단보다 엘리베이터를 이용하고, 좋아하는 운동도 없다. 휴일에는 별일 없으면 집에만 있다. 흡연과 음주는 하지 않으나 끼니를 거르고 과식하는 일도 자주 있다. 당연히 체크리스트에 빨간불이다. 젊은이들에게는 가볍게 지나갈 수도 있는 코로나 바이러스가 기저 질환자에게는 생명까지 위협한다고 한다. 기저 질환자가 된다는 생각을 하니 운동을 소홀히 할 수 없다. 그렇다고 사람들이 모이는 곳에는 갈 수 없으니 혼자 걷거나 자전거를 타기로 했다.

등산을 즐기는 친구가 겨울 등산을 하면서 눈처마를 만난 이야기를 들려준 적이 있다. 벼랑 끝에 지붕의 처마처럼 얼어붙어 매달려 있거나 튀어나온 설 층이다. 계절풍의 바람막이로 좋은 완만한 사면과 그 반대쪽이 급한 사면으로 되어 있는 산등성이에 잘 생긴다. 약한 눈의 층이므로 어느 정도 커지면 자체 무게 때문에 무너진다. 그러니 이 지대를 통과할 때는 주의를 해야 한다. 눈처마는 장소나 크기, 시기적으로 또는 해에 따라 달라지므로 등산에 경험이 많은 사람도 자칫 사고가 나기 쉽다고 한다. 얼핏 겉만 보아 알 수 없으니 더욱 위험하단다.

우리 몸도 마찬가지다. 보이지 않는 곳에 위험 요소가 쌓여 방심하는 사이 무너질 수 있다. 평균수명이 늘었지만, 모두가 건강하게 장수하는 것은 아니다. 보이지 않는 곳에서 나를 위협하고 있는 것에 대비해 오늘도 자전거를 탄다. 마음 다잡고 해보니 나름대로 할만하다. 자연과 만남도 신선하다. 스쳐 지나던 것들도 자세히 보니 신기하고 아름답다. 비 갠 뒤 높고 푸른 하늘에 떠가는 솜털 구름이 마음을 설레게 한다. 대구를 넘어 경북 경산으로 시도 경계를 지나며 환자와 건강인의 경계에 서 있는 나 자신을 생각한다. 열심히 페달을 밟는다.

슬픔에 관하여

　오늘은 무슨 그림을 그렸을까, 그의 카카오톡 프로필 사진을 열어본다. 새로운 그림이 보여 장면을 바꿔가며 그림 감상에 몰입한다. 언젠가 그가 전시회를 연다면 어떤 그림을 살까 눈 맞춤도 해본다. 그를 생각하면 내게 주어진 시간을 허투루 살아서는 안 된다는 다짐을 하게 된다.
　종일 비가 내리던 봄날, 재활요양병원 면회실에서 코로나 검사를 하고 두 줄이 선명하게 나타난 걸 확인한 후 그를 기다렸다. 손목뼈가 훤히 보일 정도로 마른 몸이 휠체어에 앉아 힘겹게 면회실로 왔다. 마흔

일곱 청년화가인 그는 어깨 아래 전신이 마비된 채 수년째 병상 생활을 하고 있다. 만나기로 하고도 몇 주째 망설이다가 어렵게 전화를 걸었다. 만나서 무슨 말을 해야 할지 고민이 많았다. 괜한 질문으로 아픈 기억을 끄집어내는 건 아닐지, 내 시선이 너무 동정으로 비쳐 그의 마음을 상하게 하지는 않을지, 대화 중에도 상처를 다시 쑤시는 것 같아 내내 마음이 무거웠다. 그래서 정작 묻고 싶은 말은 감춰두고 애써 그림 이야기만 했다.

"사실 제 그림은 한풀이 같은 겁니다. 갑자기 제게 닥친 불행이 제 삶을 송두리째 무너뜨렸으니까요. 다시 그림을 그리면서 조금씩 마음의 평안을 찾고 있습니다." 그는 담담하게 자기 이야기를 이어갔다.

어릴 적부터 그림에 소질이 있던 그는 대학에서 서양화를 전공하고 그림을 그리며 살았다. 개인전도 열고, 미술학원을 운영하며 아이들과 도란도란 어울려 지냈다. 그런 건강한 그에게 불행의 그림자가 덮쳤다. 누나들과 어머니의 사랑을 받는 착한 막내아들에게 세상은 야속했다. 어느 날 어머니 다리를 주물러드리고 일어서는데, 방 안에 있던 서랍장 손잡이에 몸이 부딪히면서 목뼈가 부러졌다. 수술을 받았지만, 그때부터 스스로는 몸을 움직일 수 없는 상태가 됐고, 그의 시간은 멈춰버렸다. 치료를 열심히 받으면 좋아질 것이라 기대했지만 그는 5년째 병상에 누워 있다.

감금 아닌 감금 생활은 그를 무료하게 만들었다. 누나에게 갤럭시탭을 사 달라고 부탁해 그림을 그리기 시작했다. 그림이라도 그려야 살아 있음을 느낄 수 있다고 생각해서다. 손가락은 여전히 움직일 수 없지만, 왼쪽 어깨와 팔을 조금씩 움직일 수 있어 손등에 펜을 고정하여 그린다. 원래 그는 오른손잡이지만 이제 왼쪽 손등으로 그린다. 불편한 팔을 움직이다 보니 작품을 완성하기까지는 시간이 꽤 걸린다. 그림에 따라 다르지만 보통 8시간을 꼬박 그려야 한 점을 완성할 수 있다.

그가 들고 온 갤럭시탭으로 함께 그림을 봤다. 폴더에는 벌써 300점이 넘는 작품들이 있었다. 미완성 작품도 보였다. 한恨과 동시에 삶에 대한 집념이 느껴졌다. 누나와 사랑스런 조카 얼굴, 자화상, 좋아하는 가수, 사물, 풍경… 소재도 다양하다. 재미있게 본 방송 프로그램, 자주 듣는 음악이 모티프가 되기도 한다. 그림을 완성할 때마다 카카오톡 프로필에 올리는데, 많게는 하루에 5개가 올라올 때도 있다. 이제 그의 일상은 다시 그림 그리기가 된 것이다. 유난히 선인장 그림이 많아 이유를 물어보니 선인장이 곧 자기 자신이라고 했다.

"제가 좀 까칠해요. 어려운 상황에서도 용을 쓰죠. 선인장도 마찬가지잖아요. 가시만 있을 뿐이지, 사막에서도 오래 버티고 살아가니까 제 모습 같아요."

신발, 발가락, 캐리어, 자동차도 자주 등장한다. 무의식중 밖으로 나가고 싶은 마음이 담긴 것이라고 그가 설명했다. 신발과 발가락은 움직일 수 없는 하반신에 대한 답답함, 캐리어와 자동차는 어디로 자유롭게 떠나고 싶은 마음을 보여주는 것 같다. 그림을 하나씩 설명해주는 그의 눈에서 예술에 대한 열정과 그만의 철학이 보였다. 앞으로의 계획을 물었다. 그는 그림을 그리는 데 집중하고 있을 뿐이라고 했다. 아직은 다른 계획을 생각해보지 않았다고, 몸을 움직일 순 없지만 뭔가를 할 수 있다는 데 작은 희망을 두고 있을 뿐이라고 했다.

인간이 느끼는 희로애락, 이 중 무엇 하나라도 빠지면 감정은 온전하지 않다. 기쁨도 노여움도, 슬픔과 즐거움도 모두 우리의 일부다. 우리가 존재하는 한 항상 함께하는 감정이다. 하지만 야속하게도 기쁨보단 슬픔이, 즐거움보단 노여움이 마음속에 오래 남는다. 안타까운 일이 닥치면 우리는 큰 슬픔에 빠진다. 어떤 말로도 위로가 안 되는 일을 겪었을 때 절망의 늪에서 헤어 나오지 못하고 어두운 터널 속을 헤매기도 한다. 이처럼 누구나 겪어본 감정, 슬픔에 대해 우리는 잘 알고 있다고 믿는다. 하지만 자신의 슬픔에는 그토록 무너지다가도 타인의 슬픔에는 무심해지기 일쑤다. 다른 사람의 세계에 들어가 본 적이 없으니 말이다. 그가 느꼈을 슬픔에 대해 내가 얼마나 알 수 있을까.

"동생만 생각하면 늘 안타까워요. 시간이 지나면서 조금씩 무뎌지지만, 늘 마음이 아파요. 지난해 갤럭시탭을 사줬더니 불편한 몸으로 누워서도 그림 그리기에 몰두하고 있어요. 동생이 희망의 끈을 놓지 않게 기회가 되면 작은 전시회라도 열어주고 싶습니다."

그의 누나가 들려준 말이 귓전을 떠나지 않는다. 만나기 전 나의 이기적인 걱정과는 달리 그는 몸이 불편하지만, 건강한 정신과 따뜻한 마음을 가진 청년이었다. 비 오는데 오느라고 고생했다며 만나서 반가웠고 얘기가 즐거웠다고 오히려 나를 위로했다. 세상은 봄꽃으로 환한데 내 마음은 아직도 우울하다. 이봄에 사막 같은 병원에 있는 그의 세상이 너무 외롭고 차갑지 않았으면 좋겠다. 타인의 슬픔에 대해 너무 인색했던 나의 죄를 벌하며 그의 건강도 속히 회복되길 기도한다. 머지않아 그의 선인장이 꽃을 활짝 피울 수 있다면 좋겠다.

토우

그가 만든 토우를 보고 있으면 김홍도나 신윤복의 조선 풍속화 속에서 걸어 나온 사람 같다. 해학과 풍자가 오롯이 담겨 있다. 나도 모르게 슬며시 입가에 미소가 번진다. 토우를 따라 표정을 지어본다. 손톱으로 꼭 찍어놓은 듯한 실눈, 입의 모양과 손의 동작이 만들어 내는 분위기가 따사롭다. 벌어진 입에서 투박하지만, 정이 넘치는 말소리가 들리는 것 같다. 흙으로 빚어 어쩌면 저런 표정을 만들어 낼 수 있을까.

오랫동안 소식이 끊겼던 친구와 연락이 닿았다. 그는 흙으로 인형을 빚는다고 했다. 흙냄새와 자연이 주는 편안한 숨소리, 손끝에 느껴지는 감촉을 만끽하며 토우에 생명을 불어넣는 행복을 누리고 있다고 했다. 그가 보고 싶었던 만큼 그가 만든 인형도 보고 싶었다.

　무작정 집을 나섰다. 인형을 만들고 있는 그를 보면, 아니 흙을 주무르고 있는 그의 손을 보면 나도 살아갈 힘이 날 것 같았다. 단발머리 여고 시절로 돌아가 밤새워 도란도란 소설 한 권쯤 펼쳐놓고 싶었다.

　시골에서 자란 우리는 도회의 낯선 학교에서 짝꿍으로 만났다. 갑작스러운 환경변화로 겉돌기만 하던 시간을 함께했다. 야간자율학습 시간에 몰래 교실을 빠져나와 등나무 아래서 그는 노래를 불렀고 나는 시를 읊었다. 별이 초롱초롱한 밤하늘을 바라보며 20년 후를 점쳐보기도 했다. 우리 20년 후에 여기서 만나기로 할까? 20년은 너무 길어. 10년으로 하자. 설마하니 범죄자와 그를 쫓는 형사로 만나지는 않겠지? 아마도 영어 교과서에 실렸던 오 헨리의 단편소설 '20년 후'를 생각하며 한 약속이었을 게다.

　늘 곁에 있을 것으로 생각했던 그가 어느 날 소식이 끊겼다. 약속한 지 5년쯤 지난 후였다. 그의 고향 친구로부터 이사했다는 소식을 전해 들었다. 10년 후 약속은 지키겠지. 그러나 그는 나타나지 않았다. 나와 숨바꼭질이라도 하듯 꼭꼭 숨어버려 찾아낼 수가 없었다. 그를 다시 만난 것은 40대 중년이 되어서다. 바다가 훤히 내다보이는 작업실에서 손으로 무수히 많은 자식을 만들어 내고 있었다. 외로움 때문이었을까. 잘나가던 부모님의 사업이 부도를 맞으면서 하루하루 전쟁 치르듯 살았단다. 와중에 엄마는 암 투병을 했고 아버지는 곁을 떠났다. 부모님이 남겨준 유산 같은 빚에 허덕이며 세상으로부터 숨어버렸다.

다시 사람들 속으로 걸어 나오게 된 것은 흙으로 인형을 빚으면서다. 토우를 만들면서 다시 살아야겠다는 힘이 생겼단다. 인형이 팔려 나가며 밥벌이가 되었고, 공모전의 대상작으로 전시대에 올랐다. 그의 토우는 이제 민속박물관에 전시되고, 유명 동화책 속에 삽화로도 등장한다.

신라 토우를 본 적이 있다. 무덤 속 껴묻거리로 출토된 신라인. 정교한 표현은 생략하고 대상의 순간적인 동작이나 표정만을 포착해 투박하고 단순하지만, 힘이 넘치는 토우에서 천오백 년 전 신라인을 만날 수 있었다. 이제 아무도 무덤 속에 토우를 넣지 않는다. 하지만 우리가 흙으로 돌아가고 천오백 년 후쯤 누군가의 수장고에서 그의 토우가 살아 오늘을 살다간 우리를 보여주지는 않을까.

그림을 잘 그리던 그는 토우를 만들고 있고, 시를 쓰고 싶었던 나는 그림을 그리고 있다. 멋진 남자를 만나 결혼하고 싶다던 그는 독신으로 살고, 독신을 고집하던 나는 멋이라곤 찾아볼 수 없는 남자와 결혼했다. 나는 두 아이의 엄마가 되어있고, 그가 손으로 낳은 아이는 수천, 수만이다. 나는 출산을 끝낸 지 오래지만, 그의 손은 오늘도 쉼 없이 토우를 낳고 있다. 토우를 만들고 있는 그의 손은 신의 손을 닮았다. 태초에 신이 흙으로 자신을 닮은 형상을 빚고 생기를 불어넣어 사람을 만들었을 때도 이렇게 만들었을까.

   그는 오늘도 신의 손으로 인간을 빚고 있다.

입춘대길立春大吉

'김밥大舶', '金밥大박', '김밥大박', '김밥대박'

진한 먹을 찍어 화선지에 붓으로 써 놓고 보니 우스꽝스런 모양새다. 동네 시장 안 분식점 주인이 우스개삼아 써 달라고 부탁한 글이다.

어느 노인이 화장실 문 앞에 '多不有時' (WC) 라고 적어 두었다는 인터넷을 떠돌던 유머를 읽었던 터라 애써 한자를 꿰맞춰 이두 문자처럼 만들어 보려고 해도 '밥'이란 글자는 도무지 해결이 안 된다.

"올해는 김밥 많이 팔아서 부자 되세요."

덕담을 남기고 돌아 서는데 주인은 들어와 김밥 한 줄 먹고 가라고 붙잡았다. 가게 안엔 손님도 없고 한가한 시간이라 들어가 앉았다. 학교에서 돌아올 아이 간식거리라도 사 갈 요량이었다. 며칠 전에 써준 '立春大吉 建陽多慶'이란 글귀가 떡볶이, 김밥, 순대, 튀김 이란 글자들 옆에 나란히 걸려있다. 눈길이 그곳에 머물자 주인은 웃으면서 대뜸 '김밥대박'이란 글자를 써 달라고 주문했다.

분식집 '배꼽시계' 주인은 언제나 사람 좋아 보이는 넉넉한 인상이다. 같은 아파트에서 현관을 마주 보고 사는 민주 엄마가 서예를 배우기 시작하면서 알게 된 사이다. 나와는 고객과 주인 사이에 불과하지만 민주 엄마가 부르는 데로 언제나 선생님으로 깍듯하게 대접한다.
"샘요, 어제는 앞집 사는 민주 녀석이…"
주인은 김밥 말던 손을 놓고 입까지 가려가며 웃었다. 영문을 모르고 쳐다보는 내게 그는 애써 웃음을 참으며 설명했다.
민주가 떡볶이를 먹으러 와서는 귓속말로 벽에 붙은 한자를 안다고 자랑했단다. 요즘 아이들 조기교육 한다더니 기특하게도 벌써 한자를 익혔구나 생각하며 한번 읽어 보라고 했다. 그러자 민주는 또랑또랑한 목소리로 한 자 한 자 힘주어 '김 밥 대 박'이라고 읽었다.
여자아이처럼 얌전하고 수줍음 잘 타는 초등학교 2학년 민주. 딴에는 아는 글자가 '大'자 뿐 이었나보다. 녀석이 大자를 넣어 이리저리 머리를 굴렸을 것을 생각해 보니 나도 덩달아 웃음이 나왔다.

"민주가 글자를 제대로 읽었네요. 아무래도 올봄에는 '배꼽시계'가 김밥으로 대박을 낼 모양입니다."

중독

 아무래도 중독이 된 것 같다. 결 고운 황톳길이나 모래밭을 만나면 때를 가리지 않고 불쑥불쑥 벗고 싶은 이 충동을 어찌하랴. 맑은 날도 좋지만 비 오는 날이면 더욱 좋다. 우산을 쓰고 꽃무늬를 그린 깜장고무신을 신고 집을 나선다. 집 근처 대학 내에 조성된 민속촌을 지나 솔숲 길로 들어서면서 신발을 벗는다. 먼저 온 분들이 벗어 놓은 신발이 여럿 보인다. 빗물에 젖은 황톳길의 감촉이 발바닥에 그대로 느껴져 흐뭇하다. 나뭇잎에 떨어지는 빗소리를 들으며 나는 이미 원시의 세계로 들어가고 있다. 먼 옛날 맨발로 농토를 일구고 초원에서 말달리던 유전인자가 내 핏속에도 아직 남아있는 모양이다. 가끔 자제력을 잃은 내 행동에 제동을 거는 친구도 어느 사이 콧노래를 흥얼거리며 뒤따르고 있다. 마치 어린 시절로 돌아가 재미있는 놀이를 하고 있는 기분이다. 시골에서 자란 나에게 흙은 좋은 놀이도구였다. 농사짓는 부모님을 따라 논밭에 나가면 아무렇게나 자란 풀꽃과 흙을 만지며 놀았다. 갈아엎어 놓은 밭고랑의 고운 흙을 만질 때 느껴지던 감촉, 그 반가운 친구를 다시 만났다.

지난해 여름밤 중산지를 걷다가 맨발족을 처음 만났다. 고향 떠나 온통 콘크리트 벽속에 갇혀 살다시피 한 내 눈에 기이한 모습으로 보였다. 태풍이 지나가고 무더위가 시작됐지만 해거름이 되자 저수지 둘레로 사람들이 삼삼오오 모여들기 시작했다. 아이와 함께, 부부가 함께, 그리고 친구끼리 수돗가에 마련된 거치대에 가지런히 신발을 벗어 놓고 걸었다. 가끔 무리 지어 걷는 동호회 회원들도 보였다. 양손에 스틱을 짚고 걷는 이, 양말을 신고 걷는 이, 운동화를 신고 걷는 이도 더러 있었지만 대부분 맨발이었다.

옛 공장 부지였던 곳에 아파트 단지가 들어서면서 시민 휴식처로 바뀐 중산지. 둘레길을 자연 그대로 둔 덕에 인근 주민들이 맨발로 걷기 안성맞춤이었다. 어둠이 내리면서 색색의 조명등이 켜지고 화려한 음악분수 쇼가 열렸다. 혼자 걷는 중년 여성에게 슬며시 다가가 맨발로 걸은 지 얼마나 됐냐고 물어봤다. 2년 넘게 맨발로 걷는다던 그는 이후로 잠이 잘 오고, 혈액순환과 소화력이 좋아지고, 어깨 결림도 사라졌다고 자랑했다. 어떤 이는 무좀이 나았고, 또 어떤 이는 족저근막염이 치료됐다고 했다. 심지어 안구건조증과 이명이 사라지고 암세포마저 사라졌다며 온갖 병이 나았다는 경험담이 이어졌다.

유도선수 출신의 맨발 학교 지회장이라는 한 남성은 운동을 오래 했지만 나이가 들면서 늘어나는 체중과 고혈압, 당뇨, 고지혈증 같은 성인병으로 고생을 많이 했단다. 그런 그에게 새로운 삶을 안겨 준 것은 다름 아닌 맨발 걷기였다고 했다. 체중을 10㎏ 감량하고 먹던 약도 끊었단다. 황톳길은 면역력을 키워주고, 마사토길은 두뇌 자극으로 치매 예방에 좋고, 바닷가 모랫길처럼 물에 젖은 길은 우리 몸의 활성산소를 배출시켜 준다며 길마다 특징이 있다고 전문가답게 설명했다.

맨발 걷기 예찬은 그뿐만이 아니었다. 중산지 맨발 학교 회원이 200명이 넘는다고 했다. 회원들은 단체 카톡방에 그날의 자기 활동을 올리고 100일째 되는 날에는 맨발 학교에서 격려의 상장도 수여한단다. 맨발 학교는 5무 학교라고도 했다. 건물, 교사, 시간표, 등록금, 시험이 없는 학교란다. 누구나 자유로운 시간에 나와서 걷는 학교로 입학하면 얻는 것은 건강이라고 했다. 걸은 지 일곱 달 됐다는 또 다른 사람은 업무에서 오는 스트레스에 시달리며 감기를 달고 살았는데 맨발 걷기로 건강해졌다고 했다.

귀가 얇은 나도 솔깃해졌다. 어릴 적 흙의 촉감을 기억하는 나의 발바닥도 뇌세포를 충동질했다. 그날 바로 운동화와 양말을 벗었다. 단단히 조여 맨 신발 속에서 해방된 발가락이 꿈틀했다. 조심스럽게 몇 발짝 움직여보니 발바닥이 따끔거렸다. 그래도 걸을 만했다. 건강을 위해 얼마나 좋을지 확신이 들지는 않았지만, 신발을 벗고 맨땅에 발을 내디딘 것만으로도 단단히 옥죄고 있던 마음 한구석을 내려놓은 듯 시원했다. 그때 느낀 해방감만으로도 이미 중독될 것이라는 걸 알았던 것 같다.

주변에서는 이 중독 증세를 염려하는 이들도 있다. 발가락을 다치기라도 하면, 흙 속의 온갖 세균이 옮겨 붙기라도 하면, 발바닥에 날카로운 유리 조각이나 못이라도 박혀 파상풍에 걸리면 어쩌려고 하냐며 말린다. TV에 나온 의사가 맨발 걷기의 위험성에 대해서 이야기하는 걸 듣기도 했다. 그러나 중독이라는 병이 어디 쉽게 고쳐지던가. 언제가 될지는 모르지만 제 풀에 지쳐 그만둘 날이 올 때까지 나는 맨발의 원시인 놀이를 계속 할 것 같다.

온달장군

　우리 부부를 얼핏 겉모습으로 아는 사람들은 대게 나를 보고 시집을 잘 갔다느니, 결혼을 아주 잘 했다느니 하는 말들을 한다. 그런 말을 들을 때 마다 나보다는 그에게 더 힘을 실어주는 것 같아 기분이 썩 좋은 것은 아니다. 그러나 달리 생각해보면 그를 볼품없는 사람으로 봐준다 해도 내가 그리 유쾌할 것 같지는 않아 그냥 좋은 쪽으로 생각하기로 했다.
　그가 후한 점수를 받는 이유 중 으뜸은 나이 덕 인듯하다. 내 친구 남편들이 대게 서너 살 연상이거나 많게는 대여섯, 드물지만 띠 동갑까지도 있고 보면 동갑나기인 그는 나이가 들수록 단연 돋보인다.

초등학교 동기생인 그가 실상은 나와 동갑이지만 서류상으로 따져 보면 연하이다. 손이 귀한 집안이라 호적에 자식하나 없는 것이 소원이었던 우리 집은 태어나자마자 출생신고부터 했다. 그러나 이년 터울로 줄줄이 다섯 남매를 낳은 그의 집은 한두 해 키우다가 동생이 태어날 쯤 느지막이 출생신고를 하다 보니 서류상 그는 나의 연하남이 됐다.

180㎝의 작지 않은 키와 쉰 줄에 들어섰으나 나처럼 뱃살을 자식처럼 안고 살지는 않는다. 결코 미남, 훈남이라고는 할 수 없다. 그러나 타고난 유전인자로 인해 아직 속알머리, 주변머리 없이 빛나는 대머리를 지닌 것도 아니며, 백발도 찾아보면 간혹 눈에 띌 정도이고 보니 나이보다 더 젊게 보기 일쑤다.

운동을 싫어하는 나를 억지로 집 근처 헬스클럽에 등록시키고 점검차 찾아온 때였다. 나에게 근력운동을 시키던 젊은 트레이너는

"말 안 해도 누군지 알겠네. 여사님 남동생 찾아왔네요."

여지없이 나를 누나로 만들어 버렸다.

직업도 그에게 마이너스로 작용하지 않는다. 내 통장에 들어오는 그의 급여와는 상관없이 '펜이 칼보다 강하다'는 말을 믿는 사람들이 그를 어디에서건 당당하게 만들어 주는 게 아닌가 싶다. 모르긴 해도 그가 쓴 몇 줄 글이 누군가에게 상당한 영향력을 미칠 수도 있기 때문인

듯하다.

　이러한 이유로 그는 분명 나보다 우위를 선점하고 있다. 그러나 그의 속 모습까지도 잘 아는 시부모님을 비롯한 가족이나 그의 과거사를 눈금 들여다보듯 하는 초등학교 시절 친구들을 만나면 상황은 반전된다. 그의 제멋대로 식 생활방식이나 불규칙한 습관, 어린 시절 온갖 악동 노릇을 일삼으며 친구들을 괴롭혀 온 그를 향해 그들은 여지없이 칼날을 들이댄다.

　우선 그는 우리 집안을 가부장적 독제 체제로 몰고 간다. 모든 생활이 그의 휘하에 뜻대로 움직이지 않으면 편할 날이 없다. 과다한 흡연은 가족들을 간접 흡연자로 만들어 놓고, 몇 잔 술만 들어가면 그곳이 어디든 잠들기 예사인 술버릇은 밤낮을 가리지 않고 나를 대리운전 기사로 만들어 버린다. 덕분에 그의 단골집은 손바닥 들여다보듯 훤하다.

　직업 특성상 늦게까지 일을 한다지만 아이들이 잠든 후에 귀가하고 등교하는 시각까지 늦잠 자느라 한밤중이다. 어쩌다 함께 식사라도 하는 날이면 식탁에서 그의 잔소리를 군말 없이 들어줘야 한다. "어제 신문에~"로 시작하는 그의 밥상머리 훈시는 우리 가족들을 사회에서 일어나는 온갖 범죄로부터 보호한다는 거창한 명목을 들이대지만 들어야 하는 우리는 밥맛을 잃고 만다. 당연히 가족들의 불만이 하늘을 찌른다.

어릴 적 그에게 맞아 코피 흘린 동네 친구가 한둘이 아니란다. 시어머니의 사고 처리는 하루가 멀지 않았고, 참다못해 학교라도 보내면 좀 나을까 싶어 초등학교 조기입학을 시켰다. 잘 다녔다면 동기가 아니라 선배가 될 뻔도 하였다. 그러나 한두 달 지나자 학교 안가겠다고 떼를 쓰는 바람에 이듬해 그는 다시 입학했다. 초등학교 재수를 한 셈이다.

그가 초등학교 동기들과 술이라도 한 잔 하는 날이면 우리 부부는 어김없이 술상의 안주 감으로 올라앉는 모양이다. 친구들의 기억 속에 나는 비교적 성실한 모범생으로 남아있다. 하여 친구들은 그를 세상에서 제일 결혼 잘한 사람으로 몰아 부친다. "장가 잘 간 덕분에 그나마 사람구실하고 산다"며 아예 평강공주와 결혼한 바보온달로 만들어 버린다. 그는 한사코 아니라고 우기지만 아무도 그의 손을 들어주지 않는다.

친구들의 증언에 의하면 초등학교에 입학해서도 말썽이 끊일 날이 없었단다. 고무줄 놀이하는 여학생들의 고무줄을 문구용 칼로 잘라 놓기도 하고, 땅따먹기 놀이하는 친구들의 영역을 지워버린다거나, 공깃돌을 가져가 훼방 놓기도 잘했단다. 2인용 책상에 금을 그어놓고 책이며 공책, 문구류가 넘어오면 모두 자기 것이라며 우겼단다.

그를 가장 기막히게 하는 것은 "제 마누라보다 공부도 못하던 놈이"

라는 말이다. 물론 그것은 40년이 지난 지금 증명해 보일 수 없는 근거 없는 중상모략이다. 그러나 술자리가 익어갈 무렵이면 빠짐없이 나오는 말이고, 그때쯤 나는 잠을 자다가도 일어나 그들 앞에 불려 나가서 아니라고 변명이라도 해야 사태가 수습된다.

거나하게 취기가 오른 그는

"친구란 놈들이 의리도 없이 마누라 앞에서 흉이나 보고, 다시는 술친구 하나 봐라. 친구 관계를 정리해 버리겠다."며 고래고래 고함까지 지른다. 그러나 그때뿐 삶이 팍팍하거나 어깨에 힘이 빠질 때, 나이 들어가는 쓸쓸함이 느껴질 때면 어김없이 그는 자진하여 초등학교 동기생들을 찾는다. 그들이 도움이라도 청할 때면 내 일처럼 발 벗고 나선다. 감출 것 없이 다 드러내 놓고도 흉허물이 되지 않는 어릴 적 친구들에게서 평안과 위안을 느낀다. 그것은 친구들도 마찬가지다. 직접 재배한 채소나 과일을 마음과 함께 보내주기도 한다. 농사지은 깨로 참기름을 짜서 고소한 인정을 덤으로 담아 전해주기도 한다.

큰 허물없이 지내온 내 어린 시절에 안도하며, 나를 평강공주 자리까지 추켜세워주며 언제나 내 편을 들어주는 초등학교 동기들이 있어 정말 다행이다 싶다. 더욱이 그가 아직은 내 통장으로 꼬박꼬박 노동의 대가를 챙겨주고 있기에 그의 제멋대로 식 생활방식도 참아주기로 맘 먹었다.

포진

기어이 터지고 말았다.

안으로 안으로만 삭이고 있었는데 더 이상 감당이 안 되는 모양이다. 산수유 꽃처럼 노랗게 망울지더니 톡톡 터지면서 옆으로 번지는 것이 봄이 와 개화하는 것 같다. 하필이면 보이지 않는 곳에서 피어 시치미를 뚝 떼고 있다.

"요즘 많이 힘드신가요?"

같은 이유로 피부과를 드나 든 지 여러 해 되었으니 의사는 내 표정만으로도 상태를 파악한다. 남 보기는 너무 멀쩡한 모습으로 앉아 있으니 어디가 불편한지 알 리가 없다. 그러나 앉아있는 자세가 고통스럽다. 의자에 닿으면 쓰리고 따갑다. 내 눈으로도 직접 확인 할 수 없고, 거울로나 비춰볼 수 있는 곳에 있으니 남인들 어찌 쉽게 볼 수 있을까?

그와 냉전이 시작되었다. 말로도 힘으로도 이길 수 없다는 것을 알고부터 입을 닫기 시작했다. 하고 싶은 말을 속에 꼭꼭 숨겨두고 있자니 마그마처럼 끓어오른다. 그러나 화산처럼 분출하고 나면 언제나 남는 것은 후회와 상처뿐이었다. 입을 열지 않는 것이 자존심을 지키는 일이라고 생각했다. 입으로 내보내지 않은 말은 쉬 사라지지도 않는다. 마음 한구석에 아무도 모르는 방을 만들고 그곳에 차곡차곡 쌓아놓는다. 그러나 내 마음의 평수는 그리 넉넉하지 않다. 얼마 가지 않아 용량을 다 채운 방은 자꾸 문을 열고 꾸역꾸역 무언가를 내놓으려고 한다. 닫으려고 하면 할수록 비집고 나올 것 같다.

왜 같은 곳에 상처가 반복되느냐는 내 질문에 의사는 그때마다 같은 말을 했다. 사람마다 취약한 곳이 있다고.
"몸은 비교적 정직합니다. 위험이 다가오면 신호를 보내거든요. 잠이 오면 자고 배고프면 먹어야 하듯이, 피곤하면 쉬고 무거운 짐은 안고 가지 말고 내려놓아야지요."

나는 그 말을 화가 나면 내고, 하고 싶은 말은 상대가 상처받든 말든 해버려야 한다고 해석했다.

며칠 가려운가 하더니 그곳에 또 빨갛게 터를 잡고 있다. 얼마 가지 않아 노랗게 물집이 생길 것이다. 그대로 두면 부풀어 올라 터질 것이고 옆으로 번져 나갈 것이다. 그러기 전에 병원에 가서 처방을 받아야 한다. 처음 내보이기 싫다는 이유로 방치했다가 한 달을 더 끌지 않았던가.

그에게도 이제 먼저 말을 해야겠지. 서로에게 상처를 남기더라도 치료하지 않고 방치하면 더 크게 번져 나갈 것이므로.

텅 빈 충만

 얼굴이 화끈하다. 열이 오른다. 밤새 뒤척이다가 겨우 잠든 듯한데, 새벽녘에 깨면 등줄기에서부터 흘러내리는 이 땀은 또 뭔가. 지난겨울부터 내 몸에 찾아온 이 유쾌하지 못한 증상들이 심상치 않다. 규칙적인 몸의 리듬이 깨지면서부터 마음도 불안하고 이유 없이 짜증스럽기도 하다.
 오른쪽 어깨가 아프다. 남들이 말하던 오십견인가? 아니면 말없이 내 뜻대로 잘 움직여 준다고 그동안 너무 혹사하고 있었나? 병원에라도 가봐야 하나? 며칠을 고민하고 있는데 윗도리를 걸쳐입기도 힘들만큼 불편하다. 정형외과를 찾았다. X-선 사진을 찍어보고 의사는 목 디스크에 허리디스크까지 몸이 탈 났단다.

'견인치료'라는 물리치료를 받았다. 가죽끈을 턱에다 걸고 의자에 앉아 있으면 머리를 위로 끌어당겼다 풀어주는 일을 기계가 반복한다. 마치 단두대에 선 죄인처럼 등골이 오싹하다. 그동안 내가 너무 나쁜 자세로 살아 온 탓인 듯하여 몸에게 미안한 생각이 든다.

몸이 불편해지면서 살아온 시간을 되돌아보게 됐다. 쉰이라는 나이는 특별한 의미로 다가온다. 한껏 욕심부려 백 세까지 산다고 하면 절반이요. 건강하게 살 수 있는 나이를 일흔 다섯 정도로 잡아본다면 삼 분의 이쯤에 서 있다. 인생의 가을이 깊어 가고 있는 것 같다. 수확할 것이 없는 가을은 너무 쓸쓸하다.

숫자를 처음 배울 때 열 개를 단위로 묶었던 것처럼 삶을 10년씩 나누어 본다. 10이라는 숫자는 눈금자에서도 좀 더 길게 그어 의미를 부여하듯, 내 삶에서도 어떤 특별한 의미를 찾게 한다.

열 살 때 처음으로 엄마 치맛자락을 잡았던 손을 놓고 싶어 했다. 혼자 먼 곳의 친구 집에 놀러 가고 싶어 했고, 내 방을 따로 갖고 싶어 했다. 소풍날 도시락을 싸 들고 동행 하던 엄마를 귀찮아하기 시작했다. 정신적 이유離乳를 원했던 것 같다.

스무 살, 가장 빛나는 시절이었다. 대학 신입생이 누릴 수 있는 특권은 많았다.

입시생이라는 고달픈 여정을 거쳐 온 후에 느끼는 달콤함. 공부라는 억압에서 풀려나 웬만큼 자유로운 시간과 아직 온전히 자신을 책임져야 할 의무감도 지워지지 않은 학생이라는 신분의 매력은 살아오는 동안 더 이상 만날 수 없었다.

서른 살에 결혼했다. 인생에서 가장 큰 전환점이 아니었을까. 한 남자의 그늘에 가려 이름마저 잃고 살았다. 내 이름 대신 아내, 며느리, 엄마… 이런 이름표를 달아주는 환경에 세뇌되어 가고 있었다.

마흔 살, 잃어버린 이름을 찾고 싶었다. 만학의 길에 들어섰다. 다시 찾은 대학의 그 신선했던 공기. 벤치에 앉아 주위 눈을 의식하지 않고 대담하게 애정 표현하는 젊은이들을 보며 이방인이 된 듯도 했다. '예술'이라는 마법에 걸려 살아온 시간은 한동안 행복을 안겨주었다. 어느 날 "서예만 예술이냐, 사군자만 예술이고, 문인화만 예술이냐, 밥상도 예술이다. 예술!" 소리치는 남편으로 인해 마법에서 깨어났다. 문득 돌아보니 아이들은 내 키보다 더 커 있었다.

쉰 살, 새로운 일을 벌이기보다는 정리하며 살아야겠다는 생각과 이대로 그냥 머무르기엔 너무 아쉽다는 감정이 엇갈린다. 몸이 느끼는 불편함. 신체 각 부분에서 삐걱거리는 소리가 난다. 의사는 갱년기라는 말을 너무 천연덕스럽게 했다. 이제부터 길을 가다가 누가 "아줌마"

라고 부르면 돌아보지도 말고, "할머니"라고 부르면 돌아보라며 농담 삼아 말했다. 인생에서 한 계절을 보내고 또 새로운 계절을 맞이하려나 보다.

내게 닥친 이 환절기를 수필이라는 화두를 잡고 버티고 있다. 자꾸 몸속에서 빠져 나가는듯한 알 수 없는 정체를 무엇으로든 채우고 싶어 안달이다. 이 또한 욕심이 아니겠는가? 채우려면 먼저 비워야 하는 것을. 욕심으로 가득 찬 추한 모습을 비우고, 이 가을을 겸허하게 영접하는 훈련부터 해야겠다. 그래야 한편의 글이라도 제대로 쓸 수 있을 것 같다.

목발

네 발로 걷는다. 아니 세 발이다. 하나는 있어도 제 역할을 못하니 있으나마나다. 익숙하지 않은 행동이라 뒤뚱거린다. 이전에 한 번도 해보지 않은 걸음걸이다. 다윈의 진화론에 의하면 인간이 직립보행을 하기 이전에는 다른 동물들처럼 네 발로 걸었을지도 모르겠다. 그러고 보니 네 발로 걷는 것은 원초적 본능으로 돌아가는 것은 아닐까. 태어나서 처음 기어 다닐 때의 모습처럼.

간밤에 꾼 꿈이 마음에 걸렸다. 손가락으로 머리카락을 훑어 내리는 순간 손에 한 줌의 머리카락이 뽑혔다. 거울 속의 내 모습은 원형탈모로 흉하게 변해있었고 몹시 당황스러웠다. 하필이면 딸아이가 수능시험을 보러 가는 날 이런 꿈을 꾸다니. 꿈 해몽에 문외한이지만 흉몽인 것을 예감할 수 있었다.

걱정스러웠다. 이미 한 번의 실패 경험을 한 딸이었기에 더더욱 그랬다. 애써 다른 쪽으로 연관 짓고 싶었다. 중환자실에서 상태가 조금 호전되어 가까스로 일반 병실로 옮긴 친정엄마에게로 생각이 옮겨가도 걱정스럽기는 마찬가지였다.

딸을 깨웠다. 서둘러 아침을 먹고 시험장으로 향했다. 평소 무심하던 아빠가 운전기사로 나섰고, 미리 나가서 춥지 않게 히터를 켜두고 기다리겠다는 친절까지 베풀었다. 엄마인 나도 동행 하여 가족들이 응원하고 있다는 것을 보여주고 싶었다.

그러나 먼저 나갔던 아이 아빠는 자동차 열쇠를 갖고 오지 않았다며 엘리베이터 앞에서 기다리고 있었다. 서둘러 다시 집으로 들어와 열쇠를 챙겨 가는 동안 아빠가 허술한 아이 옷차림에 대해 걱정했나 보다. 한껏 예민해진 아이는 아빠에게 퉁명스럽게 말대답을 했고, 아빠는 "입시생이라고 모든 게 용서되는 것은 아니라며 버르장머리 없이 군다."고 한마디 쏘아붙였다. 내가 나서면 사태가 더 나빠질 것 같아 입을 닫았다. 10분도 안 되는 멀지 않은 곳에 가는 동안 도덕 교과서 같은 아빠의 훈계는 계속됐다.

딸은 기어이 눈물 한 방울을 뚝 떨어뜨리고 시험장으로 들어갔다. 딸의 눈물을 보는 순간 나도 울컥했다. 속상하기는 남편도 마찬가지였을 게다. 집으로 돌아오는 차 안에서 남편은 딸에게 미처 못 다 읽어 준 도덕 교과서를 내게 계속 읽어대고 있었다. 성적보다 중요한 게 인간성이라고, 버릇없이 키운 어미를 탓하며 목청을 높였다.

"기도하는 마음으로 기다리지는 못할망정 기어이 시험 보러 가는 아이 울려서 보내야했냐."고 나도 오늘만큼은 참지 않겠다는 듯 대들었다. 돌아오는 대답은 더욱 거칠었고 더 이상의 언쟁을 피하고 싶던 나는 집에 도착하기도 전에 차를 세워달라고 했다. 그냥 좀 걷고 싶었을 뿐이었다. 화가 난 그가 미처 정차하기도 전에 성급하게 문을 열고 내리던 나는 뒷바퀴에 신발이 걸리면서 넘어졌다.

순식간에 일어난 일이다. 뒤따르던 차가 사고 현장으로 달려왔고 부축을 받으며 나는 내리려던 차에 다시 태워져 집이 아닌 병원으로 향했다. 그리고는 네 발이 되어 집으로 돌아왔다. 두 개의 발과 두 개의 목발로.

목발은 앞으로 얼마동안 나의 발이 되어 함께 걸어야 한다. 목발 없이는 한 발짝도 움직일 수 없는 처지다. 그러나 몸에 익지 않아 쓰러질 것 같이 위태하다. 간호사가 방법을 알려 주었지만 쉽게 익혀지지가 않는다. 보기에는 겨드랑이와 어깨로 무게를 지탱해야 할 것 같았는데

토우 135

실제로는 손의 힘에 의지한다. 진화되기 이전에 사람의 두 손이 앞발 역할을 했을 거라는 생각에 공감이 간다. 요령 없이 용만 쓰다 보니 성한 왼발은 물론이고 어깨와 팔, 허리, 손바닥까지 안 아픈 곳이 없다.

'순간의 선택이 평생을 좌우한다.'던 광고 카피를 떠올리며 한순간의 실수로 앞으로 내게 펼쳐질 고난을 생각한다. 인류의 구원을 위해 스스로 십자가를 선택한 그리스도의 영광스런 가시밭길이 아닌 이 부끄러운 고난 길은 앞으로 가족들의 불편을 담보로 두고두고 원성만 높아질 것이다.

병원에 누워서야 꿈 생각이 났다. 사고를 불러온 성급한 행동이 후회스러웠다. 그 시각 아이는 시험을 치르고 있었을 것이다. 내가 겪은 일로 액땜하고 아이가 무사할 거라고 생각하니 조금은 위로가 되었다.

저녁이 되니 하루의 고단함이 몰려왔다. 귀가한 딸의 표정은 썩 좋아 보이지 않았다. 내 모습을 보고 다소 놀란 듯했다. 그냥 조금 다쳤을 뿐이라고 말하고는 잠들었다. 이대로 깊은 잠에서 깨어나고 싶지 않았다. 자면서 몸을 뒤척이다가 무거운 다리에 놀라 깨기도 했다. 잠결에 들리는 소리가 요란했다. 남편이 일어나 식사 준비를 하는 모양이었다.

하루가 지나고 나니 갈증과 시장기가 돌았다. 무심코 발을 디디려다 마음대로 움직여지지 않아 깜짝 놀랐다. 목발을 찾아 겨우 의지하여

주방의 물 한 모금을 마셨다. 발의 부자유와는 상관없이 내 몸은 식욕과 배설을 원하며 본능에 따라 움직이고 있었다.

발은 언제나 머리의 하인 역할을 충실히 해 주는 것으로 알고 있었다. 사소한 것에도 내 몸을 움직여야 할 일은 왜 이리 많은지. 그동안 몸을 지탱하며 원하는 곳이면 어디든지 군말 없이 데려다 주던 발의 고마움이 새삼 절실해졌다. 공기처럼 있는 듯 없는 듯 늘 내 곁에서 필요할 때마다 말없이 따라와 주리라 여겼다.

침대 머리맡의 목발을 보니 단순하면서도 묘하게 생겼다. 목발이라고 하지만 나무로 만든 것은 아니다. 가벼운 알루미늄으로 만들어진 이 보조기구가 당초에는 나무로 만들어져 그렇게 이름 붙여졌나 보다. 높낮이를 조절할 수 있는 몇 개의 나사와 바닥에 닿아 미끄러지지 않도록 부착한 고무, 겨드랑이가 닿는 곳의 곡선과 손잡이 모양을 자세히 살펴보니 군살 없이 단단한 근육질의 다리가 생각난다.

목발은 이제부터 다친 다리를 대신하여 내 몸을 지탱해 줄 버팀목이며 함께 걸어줄 발이다. 그러나 아직 내 몸의 일부가 되지 못한 목발은 제 역할을 다하지는 못한다. 오늘도 목발을 짚고 화장실에 들어가다가 물기 묻은 타일 바닥에 미끄러져 함께 나뒹굴었다.

주부가 제 역할을 못하는 집안은 사흘도 지나지 않아 난장판이다. 여기저기 쌓인 먼지, 욕실 바닥에 실지렁이처럼 흩어진 머리카락, 주방 개수대에 쌓인 그릇더미, 빨래 바구니에 아무렇게나 담긴 옷가지와 뒤집힌 양말이 제자리를 못 찾고 있다.

　휴일을 맞아 아이들과 남편이 대청소에 나섰다. 평소 하지 않던 일이고 보니 제각각 삐걱거리고 있다. 목발 짚고 뒤뚱거리는 내 모습 같다. 식구들은 단순한 가전제품도 사용 방법조차 몰라 실수 연발이다. 목발에 의지한 나의 지휘 아래 세탁기와 진공청소기를 돌리고, 손빨래를 하고, 걸레질을 하고, 설거지까지 하고 나니 집안은 그제야 제 모습을 찾은 듯하다.

　그리 오래지 않아 목발에 조금씩 익숙해지고 있다. 제 어미의 손길 없이는 아무 것도 못하던 아이들도 조금씩 제 몫의 할 일을 찾고 있는 듯하다. 집안일에 무심하기만 하던 남편도 관심을 보이고 있다. '이 없으면 잇몸으로 산다.'고 했던가. 내 손길이 없으면 하루도 못 견딜 것 같았던 집안이 삐걱거리지만, 그런대로 굴러가고 있다. 목발이 내 몸을 지탱해 주며 함께 걸어주듯이.

파도 소리를 들으며
대왕암이 바라보이는 해변을
거닐다보니 시원한
바닷바람이 가슴까지 파고 든다.
사르륵사르륵 파도가
대왕암을 넘나든다.
때묻은 마음도 쪽빛 바닷물에
헹궈 낸 듯 개운하다.
한 달쯤은 맑게 씻은 마음으로
살아갈 힘이 충전된 듯하다.

추억 한 장

감꽃 목걸이
난향
박물관 멍석
솔거의 노래
요술램프
잘 가라, 피아노
자연을 그립니다
추억 한 장
아! 그리운 시절, 그 여름날
내 인생에 날개를

감꽃 목걸이

　나뭇잎이 쑥쑥 커가는 모습이 눈에 잡히는 듯하다. 봄의 생명력이 이렇게 강한 줄을 이제야 알았다. 해마다 이맘때면 한 차례 가슴앓이를 했다. 온갖 고운 빛깔의 봄꽃과 연둣빛 이파리들로 세상이 축제를 여는 봄날이면 나는 몸살을 앓았다. 봄의 화려함 뒤에 가리어진 내 추레한 모습이 나를 흔들어 댔다. 그럴 때면 어김없이 고향집을 찾아 나선다.
　거기 어린 날의 기억이 담겨있는 감나무가 있다. 70여 년 동안 뿌리를 내리고 자란 감나무는 이제 집터가 아닌 주차장 용도에 따라 거추장스런 아래쪽 가지를 모두 잘린 채 몸체만 덩그렇게 서 있다. 지난겨울 그곳을 찾았을 때, 잎을 다 떨구어 낸 나무는 죽은 듯이 숨죽이고 있었다. 그나마 지금껏 자리를 지킨 것은 다른 나무와는 달리 한쪽으로 비껴 서 있기 때문이다.

초입에 들어서며 감나무부터 찾았다. 그 자리에 나무는 보이지 않았다. 낯익은 분이 지나다가 말을 건넨다. 서둘러 인사를 하고 감나무 안부부터 물었다.

"올봄에 베어 버렸지. 고목이 되어 열매도 실하지 않고 약을 쳐주지 않으니 일찍 도사리가 되어 먹지도 못하고 떨어져 지저분하기만 해서…."

문득 도심의 성당 마당에 오래전 세상을 떠난 천재 화가의 이름표를 달고 서 있던 한 그루 감나무가 떠오른다. 〈계산동 성당〉그림의 배경이 된 그 감나무는 화가와 그림의 유명세로 인해 백 년이 넘도록 자리를 지켜오고 있지 않은가. 하지만 어쩌겠는가. 쓸모없이 자리만 차지한다고 새 주인이 베어버린 감나무를. 유년의 추억 한 자락을 붙잡고 싶었던 것도 내 욕심임을 깨닫는다.

사라진 감나무 터에 앉으니 돌멩이처럼 동글동글한 '돌이'가 꿈처럼 떠올랐다. 어릴 적 그 아이의 머리를 보고 있으면 어느 시냇가에 박혀있는 돌덩이가 생각났다. 여기저기 부스럼 딱지가 앉은 돌이 머리는 영락없는 돌멩이였다. 차돌처럼 단단하게 자라라고 그의 할아버지가 붙여준 아명이었는데 참 잘 어울리는 이름이었다. 그에게도 '우진'이라는 멋진 이름이 있다는 것을 학교에 입학하고서야 알았다.

내 아명은 '옥'이다. 구슬처럼 예쁘게 자라라고 할머니가 지어준 이름이다. 돌이와 나는 어릴 적 단짝 친구였다. 할머니들 사이의 남다른 정 때문에 우리는 눈만 뜨면 함께 노는 친구가 되었다. 담을 사이에 두고 몇 달 간격으로 태어나 자랐으니 가족 외에 맨 처음 만난 이웃이다. 서로의 이름을 불러 주기 전부터 양가의 할머니들 사이에 끼어 동무가 되었다. 우리 집 감나무 그늘은 즐겨 소꿉놀이하는 놀이터였다. 봄이면 떨어진 감꽃을 주워 밥을 짓고 주변의 풀잎을 따다 반찬을 만들고 엄마 아빠 흉내를 내면서 놀았다. 감꽃을 씹으면 떫은 듯 달짝지근한 맛이 혀끝에 맴돌았다. 가끔씩 그는 꼬질꼬질 때가 묻은 손으로 하얀 박하사탕을 내 손에 쥐어주기도 했다. 그의 할머니가 즐겨 드시던 사탕이었다.

종일 함께 놀다 보니 다투기도 잘했다. 무엇 때문이었는지 기억나지 않지만 서로 감꽃을 많이 차지하겠다거나 감나무가 자기네 것이라고 우기는 그런 이유였을 것이다. 다툼이 생기면 그는 내 손등이나 팔뚝을 가리지 않고 물어 잇자국을 만들었고, 나는 그의 얼굴에 손톱자국을 내놓곤 했다. 그때쯤이면 우리 할머니와 돌이 할머니의 싸움으로 이어졌다. 돌이 할머니는 귀한 손자 얼굴에 흉터를 만들었다고 빗자루를 들고 내게 으름장을 놓았다. 우리 할머니도 내 손목을 잡아끌며 이

빨 자국을 보란 듯이 내밀었다. 엄마 아빠가 나서서 싸움이 진정된 후에도 할머니들은 토라져 며칠씩 소원해졌다. 그러나 정작 원인을 제공했던 우리는 할퀸 상처가 아물기도 전에 언제 그랬느냔 듯이 어울려 놀았다.

초등학교 입학하던 해였다. 농사를 짓던 돌이 아버지가 직장을 구해 부산으로 이사간다고 했다. 일철이 한창 시작되어 논에는 못자리 내기에 바빴고, 자고 나면 마당에는 감꽃이 한마당 떨어져 있었다. 이사 가던 날 돌이는 감꽃을 주워 실에다 꿰어 만든 꽃목걸이를 건네주면서 방학이면 놀러 오마고 약속했다. 할머니 할아버지가 옆집에 살고 있는 동안 돌이는 그 약속을 지켰다. 그러나 수년 후 할머니, 할아버지가 아들을 따라 부산으로 간 후 그는 더 이상 오지 않았다. 우리 집 감나무는 그 이후에도 노란 감꽃이 달렸고 자고 나면 한마당씩 떨어져 있곤 했다. 나는 더 이상 감꽃으로 소꿉놀이할 만큼 어리지도 않았고, 한가하지도 않았다. 감꽃 목걸이는 까맣게 잊고 살았다.

몇 해 전 청도를 오가며 감꽃이 다시 눈에 들어오기 시작했다. 나무에 달려 있을 때는 눈에 띄지도 않는 꽃이다. 꽃보다 큰 꽃받침 사이에 둘러싸이고 그보다 더 큰 잎사귀에 가려 애써 찾아보지 않으면 잘 보이지 않는다. 바닥에 떨어져 그 존재를 나타낸다. 꽃이 떨어지고 난 자리에 감이 자란다. 꽃보다 열매가 익으면 더 아름답고 화려하다. 감꽃을 보면서 어린 날 감꽃 목걸이를 건네주던 동글동글한 돌이 얼굴이 생각났다. 그도 지금쯤은 어린 날의 추억담을 떠올리는 중년이 되어 있겠지. 방학 때면 오겠다던 약속을 지키지 않은 그가 오히려 고맙다. 세월과 함께 나이 들어가는 모습을 보았다면 어린날 추억을 잊어버렸을 것 같다. 내게 돌이는 늘 어린아이고 나이 들어가는 쓸쓸함을 잠시나마 잊게 해 주는 추억이다.

떫은 듯 달짝지근한 감꽃이 아직도 입안에 감도는 듯하다.

난향蘭香

　난이 꽃을 피웠다. 길쭉한 대궁이 쑥 올라오더니 자줏빛 봉오리가 맺히고 드디어 아래서부터 입이 벌어지기 시작했다. 한두 대도 아니고 여섯 대다. 발코니에 있던 화분을 거실에 들여놓고 이리보고 저리보고 사진도 찍어본다. 렌즈를 앞으로 당겼다가 뒤로 밀었다가 꽃만 확대해서 찍기도 하고 잎과 함께 찍기도 하고 화분까지 담아보기도 하며 며칠째 난을 보는 재미에 푹 빠져있다.
　어디 눈으로 보는 즐거움뿐이랴, 향기 또한 뒤질세라 거실을 가득 채운다. 잎의 자태나 꽃의 모양새, 은근한 향기까지 군자의 기품을 나타내기에 충분하다. 선현들이 시와 그림의 소재로 아끼고 사랑했던 이유를 조금은 알 듯하다.

　난은 내 그림의 소재가 되고 있어 더욱 살갑다. 눈처럼 하얀 사각의 화선지 위에 허공을 가르며 농묵으로 그은 몇 줄기 곡선은 봉황의 눈鳳眼이 되고 때론 코끼리의 눈象目이 되어 청초한 난으로 피어난다. 먼저 마음속에 한 포기 난을 키우고서야 제대로 그릴 수 있다고 했던가. 뿌리를 드러낸 난으로 망국의 한을 그려냈던 정소남이 되어 내 흉중에도 한 포기 난을 심어 본다. 중국 송나라의 학자이며 화가였던 그는 원나라 선비가 난화를 그려달라고 하여도 끝내 그려주지 않았다고 한다. 그러다 '원나라가 송나라를 침범하였으니 내가 설 땅이 없다' 하여 흙을 그리지 않고 뿌리를 드러낸 노근난露根蘭만을 그려 나라를 빼앗긴 울분을 토로했다고 하니 한 포기 난에 자신을 담아 표현한 것이 아니었을까.

　난을 키우기 시작한 것은 순전히 남편 때문이다. 승진 축하로 지인이 보내온 난을 안고 오던 그날, 남편의 얼굴은 난꽃만큼이나 환했다. 오랫동안 화선지에 난을 그려온 것은 나였지만 정작 난에 매혹된 건 그였다. 그때부터 자주 난을 안고 오기 시작했다. 한때는 연장을 챙겨 야생 난을 캐러 직접 산을 오르기도 했다. 난도 주인의 사랑을 아는 지 제법 꽃을 피워 재미와 행복을 만들어 주었다. 하나, 둘 모이기 시작한

난 화분은 어느 사이 발코니를 가득 채우고 이 단, 삼 단으로 받침대를 만들어 올려야 했다. 그는 난을 집으로 가져왔을 뿐 키우는 것은 온전히 내 몫이었다.

언제부턴가 난 잎이 조금씩 마르기 시작했다. 처음엔 한두 잎의 끝부분이 마르는가 싶더니 전체 화분으로 번지기 시작했다. 난 잎이 마르면서 내 마음도 바짝바짝 타들어갔다. 키우는 방법을 공부하기도 하고, 영양제를 사들이기도 하고, 화원으로 직접 들고 가 분갈이도 해보고 정성을 쏟았지만 허사였다. 한 포기 한 포기 시들어 가며 빈 화분만 늘어갔다. 분갈이하며 살펴보니 물을 너무 자주 주어 뿌리가 썩기도 했고, 너무 주지 않아 말라 죽기도 한 것 같았다. 주인을 잘못 만난 난은 그렇게 고통 속에서 서서히 생명을 잃어가고 있었다. 그때부터 남편의 잔소리도 늘어갔다.

"좀 잘 키워 보지. 살아 있는 난도 키워내지 못하면서 붓으로 만날 그리면 뭐하냐!"

그의 말이 아니더라도 살아있는 생명이 사그라지는 것을 보는 것은 내 몸의 한 부분이 상처 입은 것처럼 아팠다. 그것이 비록 말 못하는 식물이라 할지언정 생명임에랴. 어린 시절 집에서 기르던 강아지가 쥐약을 먹고 죽어가던 모습이 떠올랐다. 입에 거품을 물고 고통을 안은 채 마당과 집안 구석구석을 헤집고 다니던 강아지는 그렇게 죽어갔다. 강아지를 땅에 묻고 난 후로 더 이상 개를 기를 수가 없었다.

　식물도 동물도 살아있는 생명인 것은 사람과 다름없을진데, 살 만큼 살아 기력이 쇠진하여 죽음을 맞이한다면 아쉽지만 어쩌겠는가. 하지만 어린 풀잎이나 나무, 동물의 새끼, 아직 살아있어야 할 생명이 주인의 무관심과 나쁜 환경 때문에 죽어가는 것은 아픔 그 이상이었다. 잎이 누렇게 말라가는 난은 차라리 애물단지였다.

　내 마음을 읽은 듯 남편이 도움의 손길을 내밀었다. 난 키우는 일을 자신이 맡아 하겠단다. 그로부터 한 해쯤 지났을까, 난은 다시 꽃을 피우고 우리 가족에게 기쁨을 안겨주었다.

　"당신은 난을 옮겨 화선지에 가두지만, 나는 살아있는 난을 키워 향기를 나누어 주지."

　난 키우는 재미에 푹 빠진 그는 "난도 아기 다루듯 사랑과 정성을 쏟아야 한다. 더도 덜도 말고 필요한 만큼의 물과 영양을 주고 사랑을 덤으로 듬뿍 주어야 한다."며 제법 전문가인 척한다.

　애물단지였던 난을 그가 맡아준 것이 고마워 나도 한껏 추켜세워준다.

　때마침 'TV쇼 진품명품'에서 추사 김정희의 〈불기심란不欺心蘭〉이 소개되고 있다. 화면에 비친 추사의 난은 기품을 한껏 뽐어내고 있다.

세월의 연륜이 느껴지는 빛바랜 화선지 위에 담묵으로 그려진 난은 대가의 힘찬 필력을 그대로 드러내고 있다. 감정위원은 그림을 열심히 설명했다. 추사가 제주도 유배 시절에 아들 상우에게 주는 교훈을 화제로 담아 그린 이 그림은 감정가가 10억이란다.

"거 봐요. 살아있는 난만 값지고 향기가 있나, 추사의 그림 값이 얼마진 당신 봤지요. 향기는 또 어떤가. 문자향서권기文字香書卷氣가 느껴지네요."

"책을 많이 읽고 교양을 쌓으면 몸에서도 선비 같은 책의 기운이 풍기고, 문자의 향기가 난다는 말이지. 그래, 추사의 난에서는 고결한 선비의 향기가 나네."

가슴 속에 만 권의 책이 들어 있어야 그것이 흘러넘쳐 그림과 글씨가 된다던 분. 내 머릿속에는 어느새 추사의 그림을 열심히 새기고 있었다. 문인화의 주된 소재가 되는 사군자 가운데서도 으뜸인 난. 선비의 맑고 그윽한 향기를 나타낸다 하여 군자에 비유되고 있지 않은가. 추사도 긴 유배 생활을 한 포기 난을 키우듯 학문에 정진하고 그림을 그리며 견뎌내지 않았을까.

모든 살아있는 것들에 대한 사랑. 손끝에서 나오는 얄팍한 운필의 재주보다 난을 키우듯 생명에 대한 깊은 사랑과 덕이 있어야 그림 또한 오래도록 가슴에 남아 향기를 전해주지 않겠는가. 내일은 대가의 그림을 임화해 보리라. 화제로 쓸 말도 마음속으로 읊어 본다.
'꽃의 향기는 십 리를 가지만 사람의 덕은 천 년을 간다.'

박물관 멍석

내 현주소는 경산시 사동 경산시립박물관입니다. 본적은 경북 경산시 남천면 원리. 정확하게 말하자면 경산에서 청도 쪽으로 가다가 원리 마을 고샅길을 따라 쭉 들어간 산 아래 집입니다.

이태 전 주인 내외가 서울 아들네 집으로 옮겨가기 위해 집을 정리하면서 나를 이곳으로 보냈습니다. 주인은 아들이 사는 아파트 어디에도 내가 차지할 만한 곳은 없다며 이곳에 맡겼습니다. 나와 함께 쟁기와 풍구, 지게, 나무로 깎아 만든 디딜방아, 키, 바소쿠리도 함께 왔습니다. 모두 내 친구들입니다.

나는 이곳 민속전시관 초가집 사랑채 처마 밑에 매달려 있습니다. 내 몸은 둘둘 말린 채 새끼줄에 의지해 있습니다. 모형으로 만든 이 집은 내가 전에 살던 주인집과 모양새는 아주 비슷합니다. 안채는 안방과 대청마루, 건넌방, 부엌이 있고, 기역자 모양으로 사랑채가 있습니다. 사랑채에는 사랑방과 곳간, 마구간이 나란히 있습니다. 지붕 위에는 둥근 박이 주렁주렁 달려있고 방금 알을 낳은 암탉이 지붕 위에서 훼치고 있습니다.

사랑방 안에는 할아버지와 손자가 새끼를 꼬고 있습니다. 추수를 막 끝낸 늦가을입니다. 할아버지는 손자에게 새끼 꼬는 방법을 설명해 주고 있습니다.

물에 축인 짚을 나무 방망이로 두드린 후 손으로 잡고 검불을 훑어내고, 두 갈래로 나누어 양손으로 비벼 꽈배기 꼬듯 하라고 합니다. 손자는 잘되지 않는다고 투덜거립니다. 할아버지는 "내가 너만 할 때는 짚신도 삼았다. 그래서는 어디 머슴살이라도 하겠느냐"고 나무랍니다. 물론 누군가가 녹음한 테이프에서 나오는 소리입니다. 할아버지도 손자도 모형으로 만든 형상입니다.

나도 농사를 짓던 주인집에서 할아버지와 아버지, 손자가 모여 짚으로 새끼를 꼬고 엮어서 탄생했습니다. 솜씨 좋은 할아버지 덕택에 제법 예쁜 모습으로 태어났고 한때 주인집 사랑을 받았습니다. 주인집에서는 나를 마당에 펴놓고 저녁이면 둘러앉아 이야기꽃을 피웠습니다. 가을이면 벼와 고추, 무말랭이를 널어 말리기도 하고, 주인댁 아씨가 농주를 담그느라 고두밥을 쪄서 말리기도 했습니다. 세월과 함께 내 몸은 여기저기 낡아 어느새 여든이 넘은 주인 내외를 닮아갔습니다.

이곳으로 온 후 나는 호사를 누리고 있습니다. 새벽녘 이슬을 맞거나 여름철 소나기에 내 몸이 젖을 염려도 없고, 한여름 뙤약볕에 나가지 않아도 됩니다. 신발을 신은 발에 마구 밟히지 않아도 되고 먼지를 턴다고 방망이로 맞지 않아도 됩니다. 서생들이 날카로운 이빨로 내 몸을 갉아먹지도 않고, 오줌을 갈기지도 않습니다.

이곳 새로운 관리인은 내 몸이 상하기라도 할까 봐 가끔씩 펴서 통풍을 시켜주고, 쾌적한 실내 환경을 만들어 주려고 여름에는 냉방을, 겨울에는 난방을 해줍니다. 주변은 언제나 깨끗하게 청소되어 있어 먼지 앉을 틈도 없습니다.

어제는 유치원 꼬마들이 이곳에 견학을 왔습니다. 노란 체육복과 모자를 쓴 녀석들은 병아리처럼 귀여웠습니다. 함께 온 여선생님도 주인댁 아씨가 갓 시집오던 해 모습처럼 예쁩니다. 여기저기 둘러보던 꼬마가 나를 가리키며 물어봅니다.

"저건 뭐예요? 선생님."

"멍석이란다."

"멍석?"

"조금 전 잔디 위에 깔고 앉아 점심을 먹던 돗자리 있지. 그 돗자리처럼 쓰던 옛날 물건이란다." 선생님은 나를 꼬마 친구들에게 소개했습니다.

"우와! 저렇게 큰 돗자리를 소풍 갈 때 어떻게 들고 다니지?" 꼬마는 고개를 갸우뚱했습니다. 꼬마 손에는 동물 그림이 그려진 조그마한 돗자리가 네모나게 접혀 있습니다. 아마도 요즘은 간편하고 편리함 때문에 그것이 내가 하던 일을 대신하나 봅니다.

주인집이 나를 필요로 하던 그 시절이 그립습니다. 역할을 잃어버리고 구경거리가 되어 매달려 있는 내 모습이 싫어집니다. 지금 내가 누리는 이 호사도 여간 불편하지 않습니다. 마치 몸에 맞지 않는 옷을 걸친 듯합니다. 내 자리가 아니기 때문입니다. 주인집 헛간 시렁 위에 얹혀 지내던 시절이 오히려 좋았습니다. 서생들이 드나들어 동무가 되었고 적당히 먼지가 낀 것이 오히려 편안했습니다. 쓰임새가 있을 때마다 요긴하게 쓰이던 내가 좋습니다.

얼마 전 주인 내외가 이곳을 다녀갔습니다. 고향에 다녀가면서 들린 것입니다. 주인도 오랫동안 고락을 함께했던 나와 친구들이 보고 싶었나 봅니다. 주인은 내 앞에서 한참 머물렀습니다. '만지지 마세요.'라고 적힌 팻말을 보고도 내 몸을 더듬어 봅니다. 농사일을 할 땐 거칠기만 하던 손이 매끈해졌습니다. 효자인 아들과 며느리가 잘 모셨나 봅니다. 고향에서는 힘들게 일만 하셨는데 아마 편하게 지내셨을 것입니다. 그런데 웬일인지 힘이 없어 보입니다. 주인 내외도 편리하고 깨끗한 아들네 집보다 나처럼 고향 집이 그리운가 봅니다.

솔거의 노래

내 키를 훌쩍 넘는 그림 앞에서 나는 점점 작아진다. 우람한 소나무 아래 평생을 그림만 그려 온 노 화백의 독백 같은 글이 화제처럼 적혀 있다. 옆에는 불국사의 설경이 펼쳐진다. 천년고찰 앞에 곧게, 혹은 굽기도 하고 비스듬히 서 있는 각양의 소나무가 눈꽃으로 덮여있다. 소나무도 사람처럼 제각각 자기 향기를 품고 있다. 제상 앞에 펼쳐진 병풍을 보고 소나무 그림을 그리는 소년의 모습을 상상해 본다. 소년을 칭찬하며 솔거 이야기를 해 주었다는 어른의 사려 깊음이 오늘 이 그림을 탄생시켰겠구나. 전시실 한 면을 가득 채운 작품 규모에 압도당

하고, 섬세한 붓 터치에 눈길이 멈췄다. 나는 이 그림을 통해 천여 년 전 솔거가 그렸다는 황룡사 금당벽화를 만나고 있었다. 아니 솔거의 후예, 신라인을 만나고 있었다.

미술관을 나와 찾아간 곳은 소나무 숲이 우거진 삼릉이다. 솔거의 소나무에 앉으려던 새들은 벽에 부딪혀 생명까지 잃었다지만, 나는 그림 속 소나무 향기에 취해 솔숲을 거닐었다. 무덤으로 남아있는 신라 왕을 만나고 숲을 돌아 나오는데 어느 집 담장 너머로 매화가 고개를 내밀고 있다. 뒷집에는 굵은 대나무로 엮은 키 낮은 사립문이 조금 열려있다. 들여다보니 이곳에도 수양매화 한 그루가 망울을 품고 있다. 붉은 벽돌집 지붕 위에 우뚝한 푸른 소나무가 얹혀있다. 한 폭의 그림이다. 이 멋진 집의 주인은 누구일까? 생각하는데 동행이 수년 전 고미에 천착해 이곳으로 거처를 옮겨온, 노 화백의 화실이라고 일러준다. 후원의 정경이 낯익다. 그림 속에서 걸어 나온 소나무일까. 소나무가 그림 속으로 들어간 것일까. 후원이 바로 '솔거의 노래'다. 까치발로 울타리 너머를 기웃거리니 노 화백이 그림을 그리고 있다. 잠시 그 옛날 솔거가 세월의 강을 건너 와 이곳에서 소나무를 그리고 있다고 착각했다.

그날 이후 내 마음은 줄곧 서라벌로 향하고 있었다. 국립경주박물관에서 그림 교실이 열린다는 소식을 듣고 며칠간 고민했다. 내가 살고 있는 곳에서 좀 먼 거리기도 하고 주말의 모든 행사를 모른 척 하기 어려울 것 같았다. 그러나 내 간절함은 그 모든 것을 외면하기로 했다.

급기야 신라인을 만나러 길을 나섰다. 새벽에 운전하고 가다가 갑자기 길이 뚝 끊어지고 낭떠러지가 나타나 급정거하는 꿈을 꾸다 놀라서 깼다. 등줄기가 흥건히 젖었다. 옆자리에는 엄마가 앉아 있었다. 이승을 떠나 한 번도 찾아오지 않던 엄마가 위기 상황에서 동승하다니. 내 무모함을 꾸짖기라도 하려는 것인가, 아니면 격려라도 해 주려고 찾아오셨나 생각하며 차를 달렸다.

한 시간이나 일찍 도착하여 서성이며 기다렸다. 하나둘 사람들이 모여들었다. 박물관 여기저기에서 봄꽃들이 잠을 깨고 기지개를 켠다. 한옥 골기와로 지은 수묵당 앞 고청지에는 오리 두 마리가 여유롭게 놀고 있다. 연못 주변에 핀 목련과 매화, 개나리와 진달래가 소나무와 조화를 이루고 있다. 주변 풍경만으로도 충분히 그림이 된다.

수업을 위해 수묵당에 들어선 노 화백의 손에 매화 한 가지가 들려 있었다. 오는 길에 꺾었다고 한다. 봉오리와 막 꽃잎을 열기 시작한 꽃송이가 적당하게 배열된 운치 있는 가지다. 매화를 한 폭 그리시려나. 기대했던 대로 한지를 펴고 진하게 간 먹을 붓으로 찍어 접시에 옮기고 물과 섞어 조묵한다.

둘러선 이들의 눈이 한순간도 놓치지 않으려고 붓끝으로 쏠린다. 스마트폰을 꺼내 동영상을 찍는 이도 있다. 담묵을 찍은 붓으로 가지를 그렸다. 이어 꽃잎을 그리고 꽃술과 꽃받침을 그리니 금방이라도 주변에 맑은 향기가 퍼지는 듯하다. 진한 먹으로 화제를 써 내려가기까지 엄숙한 분위기다. 작품이 완성되자 모두 박수를 보낸다.

　완성된 작품을 걸어놓고 화백은 입을 열었다. 한지는 살아있는 종이다. 나무를 태운 그을음에 아교를 섞어 만든 먹의 색은 단순한 검정이 아니다. 우리 그림은 기운이 생동하는 '선'의 예술이며 서양의 선line과는 다르다. 다섯 손가락으로 힘 있게 잡은 붓을 세우고, 금강석으로 만든 칼로 화강암에 새기듯이 천천히 힘차게 그으라고 했다.

　부드러운 붓으로 한지에 그리면서 칼로 바위에 새기듯 하라니 언뜻 이해가 가지 않았지만 이해가 되기도 했다. 병풍 앞에 앉아 그림을 그리던 여섯 살 소년이 되어 힘껏 붓을 잡았다. 1년 후, 아니 10년 후쯤엔 나도 솔거의 소나무를 닮은 멋진 소나무와 매화 한 그루쯤 정원에 키울 수 있기를 기대하면서.

요술램프

　눈앞이 캄캄하다. 세상과 단절된 것 같다. 갑자기 숫자 하나 기억되지 않는 이 막막함. 아무리 기억을 떠올려 보지만 생각나는 것은 아무것도 없다. 머릿속이 텅 비어 버린 것 같다. 컴퓨터의 완전 삭제 기능이 내 머릿속에서 작동한 것일까. 기억의 창을 성능 좋은 지우개로 말끔히 지운 것 같다. 기억이라는 것이 이렇게 믿을 것이 못 되는 줄 몰랐다.
　혼자다. 불안감이 몰려온다. 일행과 다른 길을 택한 것은 그 길이 내게 익숙한 길이었고, 조금이라도 일찍 귀가하기 위해서다. 열이틀 달빛만이 따라오고 있다. 전원이 꺼져버린 휴대폰에 생각이 미치자 무슨 일이 일어날 것 같다. 많은 사람과 함께 가는 길을 택하지 않은 것을 후회한다. 대열에서 낙오된 느낌이다. 축제의 불꽃이 사라진 허전함이 몰려 온다.

　행사를 마친 후, 고기 구울 석쇠를 씻으려고 수돗가에 앉다가 상체가 아래로 쏠리면서 주머니 속 휴대폰이 물통에 빠졌다. 배터리와 본체를 분리하고 물기를 닦은 후 서비스센터에 맡기라는 누군가의 조언을 따르기로 했다. 그리고는 잊고 있었다. 여럿이 함께 있을 때는 필요하지 않았다. 혼자가 된 후에야 그의 부재가 크게 다가온다. 갑자기 사고라도 나면 어쩌나 하는 생각이 들어 집으로 돌아가는 길 내내 불안했다.

　외곽지의 국도는 밤 11시가 가까워 오자 정물화처럼 고요하다. 이 고요가 오히려 폭풍 전야 같다. 가끔 마주 오는 차량의 불빛뿐 가로등조차 보이지 않는다. 검은색 중형 승용차가 안전거리도 두지 않고 바짝 따라온다. 후미를 들이받기라도 하려고 위협하는 듯하다. 룸미러로 보이는 뒤차의 탑승자가 괴한처럼 보인다. 밤길 시야가 좁기도 했지만 굽이굽이 굴곡이 심한 편도 일차선 도로라 위험을 느꼈고, 속도를 낼 수 없었다.

　온갖 나쁜 생각이 스쳐간다. 뒤따르는 차가 고의로 사고를 내고 시비를 걸어올지도 모른다는 상상을 하며 달아나듯 조심스럽게 엑셀레이터를 밟는다. 뒤차도 따라 속도를 높인다. 비상등을 켜고 갓길에 차를 세워 비껴줄까 잠시 고민한다. 그러다 함께 서서 무서운 얼굴로 다가오기라도 한다면 어쩌지. 이 고갯길만 지나면 큰 도로가 나오고 비껴갈 수 있을 것이다. 머릿속이 혼란하다. 달리는 일에만 집중한다. 에어컨이 켜진 차내에서 핸들을 잡은 손과 등줄기에서 식은땀이 흐른다.

넓은 도로에 나오자, 뒤차는 망설임 없이 고속으로 비껴 달린다. 안도의 한숨을 쉰다. 앞지르기를 할 수 없어 답답했었나 보다. 늦은 귀가 시간에 우연히 방향이 같아 몇 걸음 뒤에 걸어오는 남자가 나를 따라오는 괴한이라 여기고 혼자 겁먹었던 기억을 떠올리며 쓴웃음을 웃는다.

밤길을 홀로 운행하면서도 누군가와 연락이 닿을 수 있다고 생각할 땐 느껴보지 못한 감정이다. 그동안 나는 손에 든 이 작은 물건이 위험에서 구해줄 요술램프로 믿고 있었던 것이다. 어떤 상황에서도 구원자가 되어 줄 것으로. 다행히 집으로 돌아오는 한 시간여 동안에는 아무 일도 일어나지 않았다. 문제는 그다음부터 일어났다. 휴일이라 요술램프를 고쳐줄 서비스센터는 쉬고 있었고 내게는 쉼 없이 그가 필요한 일들만 생겼다.

내 머리는 가장 가까운 사람의 연락처조차도 기억해 내지 못했다. 문명의 혜택은 일상의 편리함을 선물로 준 대신 숫자를 기억하는 장치를 빼앗아 가버렸다. 그는 이전에 내가 기억하거나 메모해 두던 일을 대신해 줬고, 손가락 몇 개만 움직이면 즉시 찾아주었다. 그의 편리함에 길들여진 나는 메모하는 습관을 버렸다. 기억의 필요성이 적어지면서 기억장치는 기능을 발휘하지 못하고 있다. 전화번호를 찾기 위해 컴퓨터 앞에 앉았다. 필요한 몇 개의 번호를 쉽게 찾아서 알려주었고 아쉬운 대로 문제 해결도 도와주었다.

나는 기계치다. 디지털 시대에 살면서도 아날로그적 사고를 벗어나지 못한다. 일상에 필요한 가전제품도 기능이 다양하고 복잡한 것 보다 단순한 것을 선호한다. 새로운 것을 사들이기보다는 오래되고 낡은 것이라도 익숙한 것들에 만족한다. 만난 지 20년이 되어 가지만, 아직 컴퓨터와도 그리 친하지 않다. 그를 통해 얼굴도 모르는 누군가와 대화하는 것보다 옆집 주헌이 엄마랑 마주 앉아 이야기하는 게 더 편하고 즐겁다. 인터넷 뉴스 보다 종이 신문을 좋아한다. 컴퓨터가 전해 주는 온갖 유용한 정보보다는 마당발인 아랫집 아주머니가 알려주는 소식통이 때론 더 신뢰가 간다. 인터넷 강국이라는 나라에 살면서 내가 할 수 있는 것은 필요한 몇 가지 기능뿐이다. 거의 컴맹 수준에 가깝다.

휴대폰을 갖게 된 것은 그리 오래지 않다. 주위의 많은 사람이 갖고 난 이후다. 나는 그것 없이도 불편 없이 살았고, 오히려 자유로웠다. 내 필요에서라기보다 가족과 주변 사람들의 요구를 외면할 수 없어서 받아들였다.

처음 그것이 내 손안에 들어오면서 편안한 일상을 방해하기 시작했다. 내가 있고 싶은 곳, 가고 싶은 곳에서 나를 필요로 하는 곳으로 불러들이는 족쇄가 되었다. 꺼두는 일이 잦았고, 울려도 모르는 척 외면하기 일쑤였다. 시간이 지나며 그와 서서히 친해졌지만, 아직 그 기능을 충분히 활용하지 못한다. 가까운 친구와 몇 마디 안부 글을 주고받고, 어디서건 연락이 가능하다는 것 밖에. 그러나 그는 아침에 단잠에서 깨우고, 약속 시간을 알려주고, 숫자 기억을 대신해 주고, 필요할 때 언제나 구원을 요청할 수 있는 요술램프 역할을 톡톡히 해내고 있다. 무료할 땐 친구가 되어 주기도 한다.

처음 컴퓨터를 만날 때도 그랬다. 원고지 한 칸 한 칸을 메우던 손이 자판을 두드리자니 헛손질만 해댔다. '시스템종료'에 적응 못하고 TV 전원 버튼 누르듯 껐다. 커서만 깜빡이는 새까만 모니터 위에 명령어를 입력해야만 원하는 프로그램이 실행되던 그때보다 요즘은 사용이 훨씬 간편해졌다. 클릭, 클릭만으로도 원하는 프로그램이 실행되고 여러 개의 창을 동시에 띄워놓고 이곳저곳을 넘나들 수도 있다. 인터넷 카페와 블로그, 트위터를 통해 대화의 창이 열리고 쉽게 이웃이 된다. 복잡한 수식도 편리하게 계산해 준다.

기계를 거부하던 내 생활도 가랑비에 옷 젖듯이 어느새 그들 속에 젖어 들고 있다. 휴대폰 알람으로 눈을 뜨고, 컴퓨터를 켜고 매일 도착하는 메일과 쪽지를 열어보고 답장을 보낸다. 가입한 카페에 어떤 글이 올라왔는지 살펴보고 댓글을 남긴다. 글을 쓸 때도, 편지나 기사를 쓸 때도 자판을 두드린다. 모르는 낱말이 나오면 책장 속 두꺼운 사전이 아니라 인터넷 사전을 펼친다. 종이 신문보다 먼저 도착하는 연합뉴스와 인터넷 신문을 펼치고, 낯선 곳을 찾아갈 때도 미리 검색해 보고 떠난다. 그는 각종 자료도 깔끔하게 분류하여 잘 저장하였다가 필요하다고 신호를 보내면 즉시 꺼내준다. 외우고 기억할 필요가 없어졌다. 그가 내 생활을 도와주고 있기 때문이다.

대신에 그는 내게서 기억하는 장치를 빼앗아가고 오히려 내 주인 행세를 하고 있다. 오늘도 현관문 앞에서 손을 내밀다 잠시 멈칫한다. 몇 개의 숫자를 누르자 문은 열리지 않고 비명소리 같은 기계음이 요란하다. 당황한 나는 요술램프를 부른다. 그는 친절히 번호를 알려주고 문이 열린다. 숫자 몇 개조차도 기억하지 못하는 내가 당혹스럽다.

이미 집 주인은 내가 아니다. 주인인 그가 나를 맞아들이고 있다.

잘 가라, 피아노

거실 한쪽 구석에 오랫동안 자리해 왔지만, 제 역할을 잊은 지 오래다. 늘 그 자리를 지켜왔지만, 식구들 중 누구도 손길 한 번 주지 않는다. 한때는 자매가 다투며 서로 차지하려고 했건만, 이제는 애물단지로 전락했다. 육중한 무게에 자리 또한 넓게 차지하고 있어 쓸모 없이 나이 들어가는 내 모습 같아 볼 때마다 마음이 불편했다. 결혼을 앞둔 딸에게 가져가겠냐고 했더니 두 번 생각해 보지도 않고 아파트에서는 사용할 수 없다며 거절했다.

그 아이의 교육용으로 구입한 것이었다. 당시로서는 제법 큰돈이었지만, 정서 교육이라는 명목 하에 아낌없이 지불했다. 혹시 딸아이에게 재능이 있다면 큰 몫을 할 것이라는 기대를 더해 연년생 동생도 있으니 함께 쓸 수도 있겠다 싶어 일석이조라고 생각했다.

아이들이 초등학교 입학하면서 피아노를 배우기 시작했다. 그때는 전인교육 한답시고 너도 나도 예능교육을 시키던 때였다. 딸들이 피아노를 치고 싶어 했던가? 그런 기억이 없는 걸 보니 그건 어쩌면 엄마 욕심이었는지 모르겠다. 유치원 친구도, 옆집 아이도 배우니 우리 아이도 가르쳐야 한다고 생각했을지도 모르겠다. 학원에서 배우고 와서 집에서 연습이 필요했기에 구입했다. 그의 이름은 독일형 삼익피아노. 1995년산이다. 학원에서 제 시간을 기다려 잠시 치는 것에 목말라 하던 아이는 신이 나서 시도 때도 없이 두드렸다. 그에게는 값비싸고 큼지막한 장난감이었다. 동생이 함께 배우러 다니면서 사용 빈도가 높은 물건이 되었다.

시간이 지나면서 경연대회에도 나갔다. 예쁜 드레스를 입고, 올림머리를 하고 피아노 앞에 앉아 연주하는 모습을 따라가 보던 날은 흐뭇하기도 했다. 자매가 나란히 특별상과 대상을 받을 때는 내 마음도 풍선처럼 떠올랐다. 재능이 있다면, 아이가 계속 하고 싶다면 뒷바라지도 해 줄 심산이었다. 큰아이는 전공 선생님에게 바이올린도 함께 배웠다. 그러나 그뿐이었다. 피아노 학원에서 영업을 목적으로 하는 대회였고 누구나 타는 상이었다. 아이는 학교 공부하기에도 바빴고 싫증을 내기 시작했다. 동생은 피아노보다 그림에 더 관심을 가졌다. 아이들의 손길에서 멀어지면서 내가 가까이해 보려고 했지만, 겨우 동요 몇 곡을 치고는 더이상 발전의 기미가 보이지 않았다. 그때부터 피아노는 외로운 시간을 보내야했다.

아이들이 성인이 되고, 몇 번의 이사를 하면서도 특별대우를 받으며 가족과 함께 왔다. 때마다 전문가를 불러 조율하는 정성을 보였다. 사용하는 이가 없었지만 그를 위해 지불한 금전적 가치 때문에 쉽게 버릴 수 없었다. 한 번은 필요한 사람에게 중고로 팔 수 있지 않을까싶어 여기저기 알아본 적이 있다. 그때서야 그의 몸값이 엄청 떨어진 것을 알았다. 우리 가족뿐만 아니라 필요로 하는 사람이 많지 않다는 것을 비로소 깨달았다. 마음을 접고 손주들이 태어나면 언젠가 필요하겠지 싶어 그대로 두었다.

어릴 적 기억이 났다. 유난히 음악 성적이 부진했던 나도 피아노를 배운 적이 있다. 그 시절 시골에 살면서 피아노를 접할 수 있었던 것은 교회를 오가면서였다. 내게 피아노를 가르쳐준 언니는 성가대 반주자였다. 열심히 배운다고는 했지만 늘 제자리걸음이었다. 1년 동안의 노력으로 내가 칠 수 있는 곡은 겨우「즐거운 나의 집」뿐이었다. 어느 날 예배가 끝난 후 피아노를 배운 적도 없는 내 또래가 찬송가를 연주하는 것을 보며 충격을 받았다. 그는 교회에서 예배가 끝나면 늘 피아노에 앉아 있었고 반주자 언니에게 무언가 물어보곤 하던 기억이 났다. 그때부터 피아노는 내게서 멀어져 갔다. 아이들에게 피아노를 가르친 것도 내 결핍과 욕심이었는지도 모르겠다는 생각이 들었다.

집에 물건이 자꾸 늘어나면서 정리 작업을 했다. 당장 필요하지 않은 물건부터 하나하나 적어보니 1순위가 피아노다. 남편이 모교인 시골 초등학교에 혹시나 필요하지 않을까 싶어 전화를 걸었다. 교장선생님은 강당에 두면 되겠다고 했지만, 운반이 문제였다. 친구 다섯을 불러 움직여 봐도 육중한 그는 꼼짝도 하지 않았다. 더욱이 엘리베이터도 없는 3층에서 내리기란 어려운 일이었다. 기약 없이 또 시간이 지나갔다. 결국 중고 피아노를 구입한다는 업체에 연락하고 주소를 알려주니 피아노를 가지러 왔다. 몸값은 3만 원, 운반비는 10만 원이란다. 7만 원을 주고 대형쓰레기 처분하듯 떠나보냈다. 그리고 그 자리에는 고가구 모양새를 한 장식장과 남편이 모은 수석 진열대가 차지하고 있다.

자연을 그립니다

멀리 보이는 산과 자주 다니는 산책로는 하루가 다르게 변합니다. 수묵의 산수화가 연한 색감이 살아나면서 수묵담채화로, 다시 수채화로 바뀝니다. 주인이 오지 않는 대학의 넓은 정원을 내 집처럼 둘러봅니다. 남향 건물 앞쪽 화단에 미끈한 미녀 같은 목련이 드디어 촛불을 켜기 시작했네요. 좀 이른 듯 하지만, 북쪽은 건물이 바람을 막아주고 앞이 틔어 햇살을 오래 받을 수 있는 곳이라 먼저 온 손님인가 봅니다.

저수지 주변 수양버들의 풀어헤친 머리카락에도 연둣빛이 돌기 시작했습니다, 잔잔한 수면에는 은빛 윤슬이 반짝입니다. 양지에 뽀얗게 돋아나는 쑥과 작은 봉오리를 맺은 매화와 변함없이 흐르는 남천의 맑은 물은 내가 살아 숨 쉬고 있다는 것을 확인해 줍니다.

 코로나19 바이러스가 내 고장에 공격해 오고부터 날짜와 요일은 잊어버렸습니다. 쑥이 얼마나 자랐나, 어떤 꽃이 피기 시작했는가로 시간의 흐름을 느낍니다. 숫자는 확진자의 이름을 대신하는 번호와 그날 얼마만큼의 확진자가 발생했는가를 알려주는 기호입니다. 숫자가 불어나면 내 두려움도 함께 커집니다.

 민속촌 주변과 소나무 숲길과 철학자의 길, 호수 주변을 산책하기 시작했습니다. 매화가 피더니 산수유나무가 온통 연노랑 물감을 칠했습니다. 이어 진달래가, 개나리가, 명자꽃이 다투어 피어나 화폭은 삼원색으로 변하더니 어느 사이 벚꽃이 팝콘처럼 망울을 터뜨리면서 세상이 환해졌습니다. 파란 하늘에 연분홍 꽃구름이 피어오르고, 꽃눈이 흩날리자 사람들이 모여들었습니다.

 '코로나19 확산 방지를 위해 외부인의 출입을 금지합니다'

 여느 때처럼 산책길에 나선 날, 주인이 곳곳에 이런 현수막을 걸어 놓았습니다. 습관처럼 그대로 들어갔습니다. 학생도 아니고 교직원도 아니고 학부형도 아니니 나는 확실한 외부인입니다. 주인이 들어오지 말라는데 발을 디뎠으니 뭘 훔치지는 않았지만, 도둑임에 틀림이 없습니다. 아니 주인 허락 없이 꽃과 나무와 푸른 하늘과 잔잔한 호수 위의 반짝이는 햇살을 훔쳐보았습니다. 물에 비친 내 모습, 모자를 눌러 쓰고 마스크로 가린 얼굴은 영락없는 도둑입니다. 화들짝 놀라 발길을 돌렸습니다.

   강변으로 갔습니다. 유채꽃이 군락을 이룬 강은 모네의 그림 속 정원입니다. 초록과 노랑 물감을 적당하게 풀어 찍어 놓은 풍경은 수묵화를 그리는 나에게 자꾸 수채화를 그리라고 유혹합니다. 왜가리 한 쌍이 그림 속 정물처럼 서 있네요.

   나목이 옷을 입기 시작했습니다. 상가는 문을 닫고, 거리엔 차들이 뜸해졌지만, 가로수 잎은 아무 일 없는 듯 연둣빛으로 반짝입니다. 매화 떨어진 자리에 매실이 열심히 속살을 채우고 있습니다. 제비꽃, 민들레, 각시붓꽃과 현호색, 구슬봉이, 봄까치꽃, 애기똥풀….산과 들에는 크고 작은 나무와 꽃과 풀들이 어울려 자연의 색을 만들고 있습니다. 어릴 적 자연에서 뛰놀고 자란 이후 어른이 되고서는 언제 이렇게 자연을 유심히 본 적이 있었는지 아득합니다.

   보이지도 만져지지도 않는 바이러스의 습격에 우리가 모든 걸 멈춰버린 시간에도 하느님은 세상의 화폭에 자연의 색깔로 갖가지 그림을 그리고 있습니다. 제 색깔로 자기 자리를 지키며 욕심내지 말라고 합니다. 적당한 거리를 유지하며 함께 노력해야 다 같이 아름답게 피어날 수 있다고 귀띔합니다.

추억 한 장

　일간지 동정란의 사진 한 장에 내 시선이 반대 극을 만난 자석처럼 꽂혔다. 불국사 청운교 백운교를 배경으로 하얀 칼라, 검정색 교복을 입은 소녀들. 흑백으로 인쇄된 신문 속 사진은 시간을 영락없는 1970년대로 되돌려 놓고 있었다. 다시 자세히 보니 소녀들이 아니라 50대 아줌마들이다. 그리 크지 않은 사진 속에 30여 명이나 박혀있는 단체 사진이고 보니 얼굴에서 쉽게 나이를 찾아볼 수는 없지만 단정하게 입은 교복과는 달리 곱슬곱슬한 머리 모양새가 제각각이다. 사진 아래 설명도 붙어있다. '교복 입고 떠나는 추억의 수학여행'이다. 아마도 어느 여행사에서 내놓은 관광 상품에 시간을 되돌려 놓고 싶은 중년 여인들의 마음이 움직였나 보다. 이 희한한 장면들이 어느 사진기자의 눈에 잡혔던 모양이다.

내게도 같은 배경에서 급우들과 찍은 사진이 한 장 있다.

'경주 불국사에서 수학여행 기념 1974.11.1'

흑백사진 속 검은 솔잎 위에 흰색 글씨가 선명하게 박혀있다. 앞줄은 한쪽으로 가지런히 두 다리를 포개어 얌전히 앉아있고, 맨 뒷줄은 서 있다. 중간에 두 줄은 조금씩 다리와 허리를 굽혀 얼굴을 내밀며 엉거주춤 서 있는 모습의 친구들이 한 줄에 열다섯씩 60명이나 된다. 왼쪽 맨 뒷줄엔 담임선생님이 서 계신다. 키가 작았던 나는 앞줄 오른쪽에서 두 번째 자리에 앉아있다. 단발 머리에 교복입은 모습이 어슷비슷해 누가 누군지 얼른 알아보기도 힘들다.

중년이면 누구나 한두 장쯤 가지고 있는 특별할 것 없는 여학교 시절 수학여행 단체 사진이다. 그러나 그 사진 한 장 속에는 밤을 새워도 모자랄 무수한 이야기가 담겨 있다. 지금은 연락마저 끊긴 친구들도 있지만 사진 속 얼굴들을 가만히 들여다보고 있으면 시간은 어느새 40년 전으로 거슬러 올라가 철부지 여학생으로 돌아간다.

중학교 2학년 때였다. 친구들과 함께 처음으로 낯선 곳에서 밤을 지새운 것도 좋았지만 역사 교과서에서 사진으로 보았던 실물을 눈으로 보는 것은 경이로운 첫 경험이었다. 어마어마하게 클 것으로 상상했던

첨성대의 크기에 다소 실망도 했지만, 우뚝우뚝 산처럼 높이 솟은 큰 무덤이 마을 곳곳에 있는 것과 바닷속 문무대왕릉도 신비로웠다. 그때의 설레던 기억은 살아오면서 첫사랑처럼 아련하게 남아있다. 생애 첫 수학여행지였던 그곳은 내게 늘 그런 곳이다.

나이가 들면서 사는 것이 시큰둥하고 힘이 빠질 때면 나도 모르게 그곳으로 향한다. 혼자라도 좋고, 여럿이어도 괜찮다. 딱히 이름난 사적지나 명승지, 국가지정 문화재가 있는 곳이 아니라도 좋다. 천년고도 경주 거리 어디라도 괜찮다. 도시 전체가 거대한 문화재가 아니던가. 골목길을 허적허적 거닐다 보면 어느 사이 나는 신라인이 되어 역사 속으로 성큼성큼 걸어 들어가고 있다.

늦은 아침에 경주로 향했다. 하늘은 먹 두어 방울에 아교와 물을 섞어서 뿌려 놓은 듯 묽은 잿빛이다. 점심으로 비빔밥을 받고 보니 코끝을 자극하는 허브향이 젖은 화선지처럼 가라앉은 내 기분을 말끔히 씻어준다. 머리가 맑아진다. 형형색색 꽃으로 장식한 밥은 먹기가 아까울 만큼 곱다. 먹고 나면 몸에서도 꽃향기가 풀풀 날 것 같다.

감포로 향하는 길을 따라 차를 달려 다다른 곳은 양북면 용당리. 탑 마을을 지켜왔던 당나무가 수호신인 양 팔을 펼치고 있다. 우리나라 석탑 가운데 가장 큰 감은사지 삼층 석탑이 나란히 서 있다. 장중하고 엄숙하면서도 기백이 넘치는 탑이 우람하다. 동해를 바라보는 높은 대지에 굳건히 발을 붙이고 하늘을 찌를 듯 높이 솟아있는 모습이 삼국을 통일한 신라의 기상처럼 우뚝하다. 감은사는 허공에 여백으로 남아 있다. 절터 받침돌 앞에 서니 마음이 애잔하다. 나라의 흥망성쇠가 덧없이 느껴지며 세상 근심 걱정이 모두 하찮게 여겨진다.

신라 문무왕이 나라의 위엄을 세우고 틈만 나면 동해로 쳐들어오던 왜구를 부처의 힘으로 막아내어 나라를 안정시키고자 세우기 시작했다고 전하는 감은사. 절이 다 지어지기 전에 문무왕이 죽자 아들인 신문왕이 왕위에 올라 완공하고 동해의 용이 되어 나라를 지키겠다는 서원을 세운 부왕에 대한 감사의 보답으로 절 이름을 감은사라 지었다고 전한다.

용이 된 문무왕이 동해에서 이곳으로 왕래할 수 있도록 설계하여 금당의 기단 아래 동쪽을 향해 구멍을 내어 바닥을 온전히 다 막지 않았다. 받침돌을 H자형으로 놓아 돌다리처럼 만들어 그 위에 직사각형의 석재를 얹고, 석재 아래로 공간을 만들었다. 죽어서도 나라와 백성을 지키겠다고 한 왕의 마음과 그런 아버지가 드나들 수 있도록 금당을 만든 아들의 마음이 훈훈하다. 감은사는 세월과 함께 사라졌지만, 얽힌 이야기는 이렇듯 역사로 남아 전해오고 있다.

멀리 문무대왕릉이 보인다. 배산임수의 명당자리가 아닌 바다 위에 자리를 잡고 있다. 해안에서 200m 정도 떨어진 곳. 가까이 다가가서 볼 수 없어 아쉽지만, 이견대에서 바라보아도 삼국을 통일한 왕의 위엄을 알만하다.

　문화해설사의 설명에 열심히 메모하는 어린 친구들의 눈이 반짝인다. 그들도 오늘, 신문왕과 해룡이 된 문무왕을 만났으리라. 어린 친구들이 나란히 줄지어 단체 사진을 찍는다. 이 아이들도 40년쯤 후 내 나이가 되어 사진 속 모습을 보며 어린 시절 기억을 쫓아 이곳을 다시 찾을까.

　파도 소리를 들으며 대왕암이 바라보이는 해변을 거닐다 보니 시원한 바닷바람이 가슴까지 파고든다. 사르륵사르륵 파도가 대왕암을 넘나든다. 때 묻은 마음도 쪽빛 바닷물에 헹궈 낸 듯 개운하다. 한 달쯤은 맑게 씻은 마음으로 살아갈 힘이 충전된 듯하다.

아! 그리운 시절, 그 여름날

 고향 가는 길이 꽃밭이다. 좌우로 펼쳐진 들판은 물론 산등성이에도 온통 분홍 물결이다. 눈도 마음도 연분홍 물이 든다. 옛 기억을 더듬어 가는 길이 말끔하게 정비되어 있다. 축사는 사라지고 예쁘게 단장한 카페와 전원주택이 들어서 있다. 팔각정에 올라 내려다본 저수지는 축제를 벌이고 있다.
 삼성산 자락의 골짜기에 소반처럼 생긴 마을 지형을 따서 이름 지어졌다는 반곡지. 소반을 닮아서일까. 주변의 풍광을 온몸으로 담는다. 복숭아밭 옆으로 난 길을 따라 둘레길을 걸어 왕버들이 줄지어 서 있는 둑에 섰다. 연초록 잎으로 단장한 왕버들과 분홍빛 복사꽃이 수면을 경계로 환상의 데칼코마니를 이룬다. 하늘과 물, 그 사이에 왕버들과 복사꽃뿐이다. 사진 애호가들이 즐겨 사각의 프레임 속으로 끌어들이는 모습이다.

둑에 뿌리를 내린 고목은 모두 물을 바라본다. 그중에 몇 그루는 등걸과 가지를 아예 물에 담그고 있다. 물속에 비친 제 모습에 홀렸는지 나르키소스가 된 왕버들은 물속에 비친 자신에게 빠져들고, 나는 그림 같은 풍경에 빠져든다. 가까이 가지 말라는 팻말이 있는데도 사람들은 나무와 함께 자기 모습을 사진 속에 담으려고 안달이다. 이 봄날에 저수지는 저대로 꽃을 피우고 나는 나대로 넋을 놓는다. 보는 이들의 탄성에 부응하려는 거꾸로 박힌 나무와 꽃이 날개를 활짝 펴는 공작처럼 일렁이는 물살에 몸을 떤다. 나도 물속 풍경을 건져 올려 사진 속에 챙겨 담는다.

고향마을은 예부터 과일 주산지다. 한때는 대구 능금의 대표 산지로 대부분 사과를 재배했으나 지금은 포도와 복숭아, 대추가 그 자리를 차지하고 있다. 봄날 자동차를 타고 조금만 외곽지로 나가면 무릉도원이 펼쳐진다. 시설포도를 재배하는 비닐하우스가 눈 덮인 들판 같다. 꽃이 지고 나면 나무는 푸른 잎 속에서 열매를 달고 옹골차게 키워 갈 것이다. 머지않아 밭은 온통 꽃보다 고운 과일들로 채워질 것이다. 꽃

추억 한 장 181

이 지는 건 아쉽지만 그래도 실한 열매를 주는 여름이 더욱 기다려진다.

  어느 수필가는 그리운 시절은 다 여름에 있다고 했다. 그의 그리운 여름날 추억은 동네 반점에 새로 온 색시에게 반한 어릴 적 동무의 무모한 모험심을 불러오지만, 내게도 여름은 그리운 것이 많다.

  아버지는 평생 과수 농사를 지었다. 어린 나의 놀이터도 과수원 언저리였다. 일하러 가는 부모님을 따라가 혼자 놀 때가 많았다. 새악시 볼처럼 분홍빛을 띤 하얀 능금꽃이 지천으로 피는 봄날이면 하루 종일 혼자 놀아도 지겹지 않았다. 제비꽃과 민들레, 뱀딸기를 따다가 소꿉놀이도 하고, 나리꽃에 찾아드는 호랑나비, 능금나무에서 울어대는 매미와 웅덩이 주변을 맴도는 잠자리를 쫓아다녔다. 낮에는 그렇게 애를 태우던 잠자리가 새벽녘 과수원 길을 따라가면 가시 울타리에 이슬에 젖은 날개를 접고 앉아 있어 쉽게 잡을 수 있었다. 능금밭에는 초여름부터 먹을거리가 많았다. 이와이, 홍옥, 골덴, 스타킹, 인도, 국광이라 부르던 능금 수확이 가을까지 이어졌다.

  여름은 무엇보다 맛난 과일을 실컷 먹을 수 있어 좋았다. 크고 굵은 상품은 내다 팔았지만, 썩은 부분을 도려낸 홈다리 능금도 맛있었고, 태풍에 떨어진 낙과도 먹을만했다. 물러서 팔 수 없는 복숭아는 더욱 먹음직했다. 지금도 과일이라면 종류를 가리지 않고 좋아한다. 지나친 과일 사랑이 과체중을 불러오고 건강까지 위협하지만, 달콤새콤한 유혹을 쉽게 떨쳐버리지 못한다.

낡은 오토바이를 타고 온 그 남자는 어느 달 밝은 여름밤, 느닷없이 복숭아 서리를 하러 가자고 했다. 싫다는 내 손을 잡고 그는 과수원으로 내달렸다. 주인을 잘 알고 있으니 들키더라도 봐줄 거라고 했다. 망을 보라고 시킨 키 큰 그 남자는 울타리 너머 손을 내밀고 알이 굵은 복숭아 두 개를 땄다. 남의 밭 과일을 주저 없이 따는 이 남자, 인생의 동반자로 살아도 될지 도덕성 검증을 할 겨를도 없이 공범이 된 나와 그는 강가로 가서 대충 씻고 손으로 쓱 문질러 닦은 후 입으로 베어 먹었다. 주인 몰래 따먹은 복숭아는 금단의 열매처럼 다디달았다.

이듬해 나는 그 동네로 시집을 갔고, 서리했던 복숭아밭 주인이 시아버지라는 것을 알았다. 아들이 예비 며느리를 데려와 당신 밭의 복숭아 맛을 보여준 사실을 뒤늦게 알게 된 시아버지는 두고두고 복숭아값을 내놓으라고 농담하셨지만, 덕분에 맛난 복숭아를 실컷 먹을 수 있었다.

복숭아와 포도 농사를 지으시던 시아버지도 세상을 떠나고, 능금밭 주인 아버지도 복사꽃이 훤히 내려다보이는 언덕배기 산으로 가 누우신 지 오래다. 복사꽃이 지천인 저수지 주변을 돌며 나는 또 다가올 여름날을 기다린다. 아, 그리운 시절, 그 여름날.

내 인생에 날개를

"이 책의 무단 전제를 환영합니다. 이 책 내용의 일부를 사용하려면 저작권자와 XX출판의 서면동의를 받을 필요가 없습니다…. 그렇다고 책 전부를 복제해서 판매하진 말아 주세요."

도서관에서 빌려 읽으려던 책의 첫 페이지에 적힌 글 때문에 오히려 서점에서 책을 구입하고 싶었다. 특강을 듣기 위한 준비이기도 했지만, 책을 든 순간 손에서 놓을 수가 없었다. 시원시원한 책 속의 여백, 중간중간 보여주는 사진들, 역시 디자인 하는 분은 다르구나. 빽빽한 글씨가 주는 부담을 감당하기 버거운 내 노안까지도 배려해 주는 저자라면 하루 저녁을 충분히 투자할 가치가 있을 거야. 그래 나도 스티브를 버리자. 인문학적 상상력을 동원해 내 인생에도 날개를 한번 달아 보자. 날개를 달아도 몸이 무거우면 날기가 힘들겠지. 우선 무게를 줄이자.

익숙한 것에서 떠나 새로운 여행을 한다는 게 두렵지만 언제 터질지 모르는 시한폭탄을 안고 살 수는 없어. 누군가도 그랬잖아. 사람을 상하게 하는 것이 과로가 아니라 걱정이나 불안이라고. 미지의 세계를 향한 여행이라고 생각하자. 아무도 알아주지 않더라도 나만의 보아뱀을 그려보는 거야. 모두 모자라고 우겨도 괜찮아.

먼저 사후 장기기증과 시신 기증을 하기로 했다. 종합병원에 전화를 걸어 약속 날짜까지 잡아두었다. 종교단체에서 단체로 할 날만 기다리다 영영 기회를 잃어버릴 지도 모르겠다는 생각이 들어서다. 살아오는 동안 누군가를 위해 크게 한 일도 없는데 죽어서나마 작은 도움이 되고 싶다. 그런데 장기기증은 내 의지만으로도 가능한데, 시신 기증은 가족의 동의서가 필요하단다. 장기기증 서약만 하고 시신 기증은 서류만 받아 왔다.

2039년이면 서구에서 제조업이 소멸한다나? 2045년이면 미래 예측에서의 특이점이 도래하고, 사람의 평균수명이 130세가 된다는데 그때쯤이면 내 장기가 누군가에게 필요하기나 할까? 적당한 시기에 떠나주는 것이 내 장기를 받게 될 누군가에 대한 예의가 아닐까. 기껏 주겠다고 해놓고 폐기 처분해야 할 쓰지도 못할 것이라면 이 또한 배신이 아닌가. 이제부터 내 몸을 더 소중하게 다루어야겠다. 나 아닌 누군가의 것이 될 수도 있으니까.

내 삶의 중간 정산이 필요한 시기다. 받아온 시신 기증 서류에 의과대학에 부탁하고 싶은 말을 적는 난이 있다. 유언서를 작성하라는 것이다.

"재활용 가능한 장기는 필요한 사람에게 나눠주고, 남은 몸은 우리나라 의학교육과 학술연구에 밑거름이 되어 좋은 의사 양성에 도움이 되길 바랍니다. 나아가 우리나라 의학이 발전하고 국민복지가 향상되는 데 조금이나마 도움이 된다면 기쁨으로 알겠습니다."

써 놓고 보니 너무 거창하다. 마음이 한결 가볍고 기분이 좋아진다. 엄청 잘한 일 같다.

다음으로 서재 정리를 시작했다. 교회에서 운영하는 작은 도서관에 연락해 도서 기증을 하기로 했다. 연락을 받고 온 목사 부부와 나는 2시간여에 걸쳐 서재의 책을 묶고 차에 실었다. 텅 빈 책장을 보면 허전할 것 같았는데 시원하다. 그동안 왜 그렇게 움켜잡고 살았는지. 앞으로 필요한 책들은 도서관에서 빌려 읽을 것이다.

서울 나들이에 나섰다. 새로운 것을 보기 위해서가 아니라 새로운 눈으로 보기 위해서다. 대상에 대한 생각을 바꾸는 운동에너지가 '상상력'이라고 했지. 상상할 줄 모르는 사람은 문맹자라고? 그래 문맹자로 살 수는 없다. 기술적 발전이 한계에 직면한 미래 사회에서 새로운 가치는 상상력에 의해 창출된다고 했지. 새로운 관계를 찾아낸다면, 누구나 창조적인 사람이 될 수 있다고 하지 않은가.

익숙하지 않은 글씨와 그림으로만 가득한 디자인 도서관, 책장을 펼치자마자 상상력과 창의성으로 무장하겠다던 나는 기가 죽는다. 나이가 들면서 새로운 것에 도전하는 것은 늘 버거웠다. 가전제품조차도 새로운 기기보다는 익숙한 것들만 찾는 내 보수성을 허물겠다던 자세는 멈칫 한발 뒷걸음이다. 미술관에서 만난 작품들은 그래도 한결 편안하다. 미술이라면 회화밖에 생각하지 못했던 내게 새로운 것들이 눈에 보인다. 친절한 설명 덕분이다. 그래, 사람은 죽을 때까지 배워야 해. 모르는 것은 평생 배우며 살아야지.

이제부터 내 상상력을 문학이라는 매체를 통해 펼쳐보자. 누구나 쓸 수 있는 글이 아닌 나만의 독특한 언어로, 가벼워진 날개를 펼쳐보자.

§ 작품 해설 §

문인화와 수필의 아름다운 이중주

이운경 문학평론가

1. 시절 인연

 옥산 천윤자 선생과 나의 인연은 '문학'으로 시작되었다. 영남일보 시민기자인 옥산 선생은 십여 년 전 경산문협에서 개최한 문학 강연에 취재 차 참석하였다. 서로 이름만 알고 있었던지라 나는 내심 반가웠다. 자인이 고향인 그가 때마침 집도 경산으로 옮겼다기에 나는 경산문협에 회원으로 들어오라고 적극 권유했다. 처음에 머뭇거리던 그가 어찌어찌하여 문협 회원으로 들어왔고, 그 이후 이런저런 계기로 우리는 급속히 가까워졌다.
 내가 좋아하던 팔공산 '운부암'을 한 달에 두어 번씩 같이 걸으며 속내를 나누는 문우로 가까워졌다. 다른 지역의 문학제에 동행하기도 했고, 공연이나 전시회에 같이 가기도 했고, 국내 여행은 물론 해외 여행까지 함께 다녔다. 심지어 우리 둘의 만남이 뜸하면 나의 지인이나 선생의 부군이 궁금해서 이유를 물을 정도였다. 이렇게 우리가 단짝이 된 이유는 '문학'이라는 공통 분모와 선배인 옥산 선생의 너그러운 품성이 한몫을 했다. 경사지고 성급한 성정의 나와는 달리 옥산 선생은 느긋하고 무던하다. 내가 앞장서면 뒤에서 혹은 곁에서 묵묵히 도와주고 동행해 준다. 이런 몇 가지 연유로 우리는 고향 경산에 관한 이야기를 같이 써서 《경산곡곡 스토리텔링》(경산시, 2022)이라는 책을 발간하기도 했다.

옥산 선생은 시민기자로 널리 알려져 있으나 실은 수필가이면서 문인화를 가르치는 선생이다. 그의 문인화 이력은 20대 청년시절로 거슬러 올라간다. 1979년 효성여자대학(현, 대구가톨릭대학) 국문학과에 입학하였으나 학교에는 휴교령이 내려졌다. 대학은 교문을 굳게 닫아걸었고 수업도 휴강이 지속 되었다. 옥산 선생은 증조부가 유품으로 남긴 《오언당음五言唐音》 필사본이 떠올랐다. 그 책은 증조부가 원고향 청도 금천면 갈마리에서 작은 서당을 열어 학동들을 가르칠 때 사용하던 교재였을 것으로 짐작한다. 증조부가 남기신 유품이 옥산 선생을 서실로 이끈 매개체였다. 선생은 서실에 나가 취미로 서예와 문인화를 그리는 재미에 빠져든다. 대학시절 동아리 전시회에 출품한 서예작품을 본 지도 교수가 "전공을 문학이 아닌 문인화로 바꾸는 게 좋겠다"라고 말할 정도로 작품이 빼어났던 모양이다. 선생의 유전자에 이미 문인화에 대한 자질이 숨어있었던 셈이다. 이후 문인화가로서 꿈을 가지고 뒤늦게 계명대 예술대학원 서예학과에 진학하여 체계적으로 문인화를 공부한다.

그림 공부를 계속하면서도 문학에 대한 미련을 버릴 수 없었던 옥산 선생은 2011년 《문장》지를 통해 수필가로 등단한다. 수필집 출간을 미룬 것은 내가 보기에는 지나친 겸양의 탓이다. 문인화가 삶의 중심에 자리했기에 수필에 집중하지 못한 환경적 요인도 있다. 수필이 삶의 성숙과 연관된 장르임을 잘 아는 선생으로서는 선뜻 수필집을 내는 일이 내키지 않았는지도 모른다. 어쨌든 늦게나마 수필집을 출간한다니 나로서는 반갑기 그지없다.

이 책은 전체 4부로 구성된다. 제1부에는 가족사가 등장한다. 수필의 중요한 소재이자 존재의 뿌리인 가족사는 한 인간의 생애를 증언하는데, 옥산 선생의 가족사는 심금心琴을 울린다. 2부는 일상에서 겪는 자잘한 사건에서 건져 올린 일리一理들을 말한다. 제3부는 나이듦과 몸이 보내는 신호 등을 통해 인생의 가을을 점검한다. 제4부는 유년기의 기억과 우연히 조우한 사물을 통해 생의 기억을 반추反芻한다. 재주 많은 옥산 선생이 산문집을 낸다하니 오랜 세월 삭혀 무르익은 글이 기대된다.

2. 사유와 표현의 패러다임

옥산의 수필작품에는 유난히 문인화와 관련된 글이 많다. 〈군자의 그림〉을 비롯하여 〈자화상〉, 〈난향〉, 〈솔거의 노래〉 등 많은 작품에서 문인화 이야기가 등장한다. 소재 그 자체가 되기도 하지만, 문인화는 그의 세계관을 상징하는 표상으로도 작동한다. "스무 살에 처음 붓을 잡았으니 뒤돌아보면 문인화와 함께한 세월이 길다. 선비들이 그러했듯 내게도 여가 시간을 즐기는 좋은 취미였다. 부딪힌 현실이 힘들어 흐트러지고 포기하고 싶을 때 마음을 가다듬게 해준 버팀목이기도 했다. 이제 그림이든 글이든 제대로 된 자화상 하나쯤은 남기고 싶다"(〈자화상〉)라며 속내를 밝힌다. 문인화에 깃든 정신의 유산을 계승하겠다는 의지가 강하게 드러난다. 선생은 권력에 줄을 대어 이름을 얻는 길보다 초야에 묻혀 선비 정신을 고수하던 이들처럼 나 홀로의 길을 선택한다.

문인화의 주된 소재가 되는 사군자 가운데서도 으뜸인 난. 선비의 맑고 그윽한 향기를 나타낸다 하여 군자에 비유되고 있지 않은가. (중략) 손끝에서 나오는 운필의 재주보다 난을 키우듯 생명에 대한 깊은 사랑과 덕이 있어야 그림 또한 오래도록 가슴에 남아 향기를 전해주지 않겠는가.

— 〈난향蘭香〉 중에서

　이 구절은 옥산의 예술관을 잘 보여준다. "난을 키우듯 생명에 대한 사랑과 덕"을 품은 그림이라야 문인화로서 품격이 있고 향기가 풍겨난다는 주장이다. 문인화는 조선시대 선비들이 정신 수양과 도道에 이르기 위한 중요한 방편으로 삼았던 필수 코스가 아니던가. 잔재주보다는 서기瑞氣를 중시한 것만 보아도 알 수 있다. 많은 사람이 퇴직 후 옥산 선생의 문인화 교실을 찾는 이유도 선비들이 추구하던 정신의 한 자락이라도 배우고자 하는 열망 때문이 아닐까. 오만 원 권 뒷장에 새겨진 월매도는 "의도적으로 직선을 내세워 매서운 추위에도 꿋꿋하게 피어나는 모습을 강조해 올곧은 선비의 모습을 표현하고 있다"(〈군자의 그림〉)라고 해석한다. 이런 문장에서 알 수 있듯이 옥산의 예술관은 왜곡되지 않은 전통적 선비정신을 그대로 이어받은 결과물이다. 이밖에도 불원천리 찾아간 경주박물관 한국화 교실에서 "부드러운 붓으로 한지에 그리면서 칼로 바위에 새기듯 하라니 언뜻 이해가 가지 않았지만 이해가 되기도 한다"(《솔거의 노래》)라는 소산 박대성 선생의 가르침을 되새긴다.

이런 예술관은 수필에서도 이어진다.

내게 닥친 이 환절기를 수필이라는 화두를 잡고 버티고 있다. 자꾸 몸 속에서 빠져 나가는듯한 알 수 없는 정체를 무엇으로든 채우고 싶어 안달이다. 이 또한 욕심이 아니겠는가? 채우려면 먼저 비워야 하는 것을. 욕심으로 가득 찬 추한 모습을 비우고, 이 가을을 겸허하게 영접하는 훈련부터 해야겠다. 그래야 한편의 글이라도 제대로 쓸 수 있을 것 같다.
— 〈텅 빈 충만〉에서

법정 스님의 글에서 제목을 따온 이 글에서 옥산은 자신의 수필관을 피력한다. 느닷없이 찾아온 갱년기라는 불청객으로 인해 여기저기 몸의 균형이 깨진다. 자신의 삶을 십 년 단위로 되돌아보면서 수필 쓰기를 통해 인생의 환절기를 잘 보내겠다는 다짐이다. 수필의 매력이 이런 것이다. 수필이 인생의 난관을 해결해주는 유일한 마법은 아니지만, 자기 성찰을 통해 정신적 성숙을 할 수 있다는 장점이 있다. 몸에서 기운이 빠져나가는 갱년기를 욕심으로 채우기보다 나이듦을 겸손하게 받아들이겠다는 성찰의 목소리로 마무리한다. 저무는 가을 들판에서 교회 종소리를 듣고 두 손 모아 감사의 기도를 올리는 밀레의 그림 〈만종〉이 연상된다. "가파른 지름길보다 평탄한 흙길을 좋아하듯 살아가면서 여유를 가지고 싶다. 목표를 좀 넉넉한 곳에 두고 산책하듯 천천히 걷고 싶다"(〈산길을 걸으며〉)처럼 온화하고 여유로운 선생의 성품이 그대로 드러난다.

 문인화와 수필은 다른 장르이나 겹치는 부분도 많다. 근대 이후 등장한 수필 장르는 동양의 중세 예술을 대표하는 문인화와 표현의 패러다임이 다를 뿐 추구하는 정신세계는 유사하다. 문인화가 물상을 보고 떠오르는 사유의 이미지를 회화로 표현한다면, 수필은 기억을 길어 올려 자기를 성찰하는 과정을 언어로 표현하는 문학 장르이다. 두 장르가 정신주의를 지향한다는 점, 자아 성찰의 기능을 내포한다는 점이 공통점이다. 수필작품 〈산길을 걸으며〉에서 뿐만 아니라 〈줄서기〉와 〈자인장에서〉 등의 작품에서도 산책하듯 인생의 길을 걸어가겠다는 작가의 의지를 표명한다. 철학자 김영민의 말에 빗대자면 "산책은 자본제적 도시의 템포와 리듬과의 생산적 불화이며, 타인(이웃)과 물상을 대하는 방식의 비(非)도시적 근거다"(김영민, 《세속의 어긋남과 어긋냄의 인문학》, 159쪽). 자인이라는 공간은 그가 태어나고 성장한 곳이며 기저 정서의 근간을 이루는 곳이다. 아직도 오일마다 전통시장이 열리고, 장날이면 고향의 정겨움과 사람 사는 맛을 느끼려고 도시인들이 구름처럼 몰려온다. 자인장을 산책하듯 거니는 이들처럼 작가는 장꾼들을 관찰하다가 자신도 그들 속으로 스며들어 간다. 이런 작가의 태도는 자본주의와 불화하더라도 타고난 기질과 결대로 살겠다는 자아해방 선언문처럼 다가온다.

가령 〈줄서기〉는 한 번에 큰돈을 벌 수 있는 아파트 당첨을 위해 땡볕에 줄을 선 인파와 자인장 어물전에 줄을 선 사람들을 대비시킨다. 이 작품에서 전자의 군중은 일확천금의 욕망을 좇아 자본주의에 매몰된 도시인을 상징하고, 후자의 군중은 산책하듯 전통시장을 산책하는 반자본주의를 상징하는 기표이다. 대체로 옥산 선생의 작품의 행간에 숨어있는 풍경은 반문명적이며, 농경시대의 인본주의적 의식을 품고 있다. 가파른 산길로 빠르게 목적지에 도달하기보다 에둘러 가는 흙길을 선택한다든지, 아파트 당첨권을 손에 쥐려고 뙤약볕에 줄을 서서 기다리는 군중들을 비판적 시선으로 바라본다든지, 하는 태도와 시선이 그의 의식구조를 반영하는 장면들이다. 나아가 고향의 전통시장 어물전에서 줄을 서 있는 사람들과 대화하면서 '잃어버린 풍경과 따스한 인심'을 느낀다고 고백한다.

조선시대의 문인화는 성리학이라는 이데올로기의 질서 하에서 특정 계급의 사유의 맥락과 내면 풍경을 상징적으로 드러내는 '사유의 이미지'(들뢰즈)에 가깝다. 문인화의 요소들이 상호작용을 통해 의미를 생성하는 과정은 사대부라는 생산자의 존재 방식이 철학과 결합하여 상호 침투하는 변증법적 역학이 작동한 결과물이다. 요컨대 문인화는 조선시대 사대부라는 특정 집단의 상징적 풍토이자 그들의 내부에 자리한 사유의 이미지로 규정할 수 있다. 이런 맥락의 연장선상에서 옥산 선생의 수필을 들여다보면 비슷한 내면 풍경을 만난다. 일상에서 마주치는 수필의 대상은 사유를 촉발하고 존재의 차원을 심화시키는 촉매작용을 한다. 이는 존재와 의식이 상호작용하거나 인과적 관계 형성을 통해 내면의식의 재현인 예술작품으로 표현된다. 이런 면에서 옥산의 삶에서 문인화와 수필의 동행은 자연스럽다. 요컨대 이 두 장르는 작가의 삶에서 '자아'를 운송하는 나룻배 같은 수단이 아니라, 또 다른 '나'를 발견하는 성찰의 도구이자 목적 그 자체로 규정할 수 있겠다.

3. 다양한 문학적 변용

수필에서 가족사는 중심 소재이자 핵심 서사이다. 수필의 본령이 '개인성/ 고백성/ 성찰성'이라면, 가족 서사는 피해갈 수 없는 통과의례와도 같다. 가족은 존재의 은유이면서 성장기의 근간根幹인 까닭이다. 하여, 가족사는 성장기의 상처와 결핍을 생성하는 늪이며, 무의식의 깊은 우물을 간직한 동굴과도 같은 것이다. 요컨대 수필에서 가족 서사는 자아 발견과 성찰의 출발지이면서 종착지가 된다. 문제는 수필은 작가의 체험을 기반으로 하며, 실제 있었던 일을 재현하는 장르라는 개념을 교과서에서 배웠다는 것이다. 서사의 등장인물과 불특정 다수의 독자를 고려한다면 수필에서 가족사는 뜨거운 감자와도 같다. 어디까지 감추고, 어느 지점까지 드러낼 것인가, 라는 고민이 작가에게 화두처럼 던져진다. 수필에서 가족사를 말하려면 문학적 변용과 전략이 필요한 이유이자 당위當爲이다.

　가족이라는 집단은 본래 혈연중심이나, 결혼이라는 제도와 결합하면서 인간사의 모순과 아이러니, 부조리를 함의하는 사회적 집단으로 변모한다. 가족 구성원들 간의 다양한 이해관계가 얽히고, 가부장적 질서와 근대의 가치가 충돌하는 지점이며, 유가적 풍습과 현대적 문화가 뒤엉키는 현장이기도 하다. 자칫 포장이 과도하면 진실이 감추어지고, 날것을 그대로 드러내면 상처를 덧내거나 저항에 직면하기 쉽다. 가족은 타자이면서 동시에 자아를 반영하는 거울과도 같기 때문이다. 특히 작가에게 친정 엄마는 절대적 존재로 자리한다. 가족서사의 대부분이 엄마가 소재이거나 엄마의 삶이 반영되어 있다. 그만큼 기억의 지층 아래에서 엄마란 존재가 작가의 삶 전반을 지배하고 있다는 증거이다.

　이 책에서 무려 5편이나 차지하는 화자의 엄마 이야기는 어떤 방식으로 재현되는가? 수필에서 모성애에 대한 예찬이나 모성의 위대함은 이미 상식으로 굳어진 주제이다. 때로는 우리 사회가 강요한 모성 신화의 도구로 전락하여 지나치게 과장하거나 포장하려는 유혹에 시달린다. 한때 수필문단을 휩쓸었던 '어머니 희생 서사'나 '아버지 용서 서사'는 식상함을 넘어선 지 오래이다. 그럼에도 수필에서 가족 이야기는 핵심 소재로 끊임없이 되풀이된다. 그 이유는 가족은 한 존재의 근원이면서 뿌리인 까닭이다. 생존의 절대적 존재인 부모와 성장기를 함께한 가족은 사랑과 상처의 양면성을 내포한 기억의 수원지이다. 그래서 '자아 발견과 탐구'라는 수필의 본령에 다가가려면 가족 이야기는 건너야 하는 강물이자 뛰어넘어야 하는 절벽이다

문제는 진부한 가족사를 얼마나 문학적으로 잘 재현하느냐, 라는 것이다. 다행스럽게도 이 책의 1부에 실린 가족사를 소재로 한 작품은 소재의 진부함을 뛰어넘는 감동을 선사한다. 그 이유는 무얼까? 첫 번째 이유는 모녀지간에 숨어있던 기억의 재현이나 엄마의 삶을 진술하는 주관적 서술자로서 입장을 뛰어넘는 문학적 형상화이다. 작가는 기억의 재현이라는 방식을 통해 모성애에 대한 애모, 슬픔의 극복을 추구함과 동시에 문학작품으로 승화하는 묘수를 둔다. 두 번째는 소설의 기법을 차용한 3인칭 화자의 등장과 진술화자의 배치이다. 이런 구성 전략과 서정성 넘치는 문체 등은 소재주의를 극복하고 문학적 변용에 성공한 작품으로 평가할 수 있다.

수필에서 문학성을 획득하는 길은 개성적 주제 표명 방식이다. 즉, 주제라는 고지로 다가가기 위한 서정성을 표현하기 위한 수사학과 구성 전략이다. 작가는 상징과 은유, 대비와 비유적 기법을 차용한다. 엄마의 고달프고 애련했던 삶을 직접 나서서 설명하거나 진술하기보다 상징화하거나 소설기법을 차용하여 문학적으로 형상화한다. 특히 거리두기를 통한 3인칭 관찰자 시점을 활용한 '낯설게하기' 기법은 특별한 지점이다. 가령 〈엄마의 금반지〉에서 엄마의 희생과 딸을 향한 마음이 상징적 언술을 통해 표명한다. '발목이 드러나 보이는 한복'은 시골에서 맏며느리로서 삶을 살아가는 엄마의 헌신과 희생적 삶을, 자신의 금반지를 팔아 마련해준 '검정색 새 외투'는 딸을 향한 엄마의 마음을 상징하는 기표이다. '추워 보이는 엄마의 뒷모습'과 '외투로 따뜻하게 보낸 그해 겨울'은 엄마와 딸의 삶을 대비하여 애틋한 모성애를 선명하게 부각시킨다.

여자가 낳은 남편의 아이를 당신 자식처럼 기르던 그때의 엄마만큼, 꼭 그만큼 나도 나이를 먹었다. 인생은 수학 공식처럼 맞아떨어지는 것도 아니고, 산수 문제처럼 술술 풀리지도 않는다는 것을 이제야 어렴풋이 짐작한다.
  여자가 낳은 아이가 내 아버지의 아들이 아니었다면 나는 좀 더 여자를 연민할 수 있었을까?

— 〈그 여자〉에서

이 책에서 가장 주목을 끄는 작품 〈그 여자〉이다. 이 작품 속 '그 여자'는 작가의 성장기에 화인처럼 새겨진 가족사의 근본적인 상처이자 얼룩이다. 이 작품을 주목하는 지점은 두 가지이다. 하나는 3인칭 서술자 입장에서 사건을 객관화 한 점, 다른 하나는 '그 여자'의 삶을 삼자로 진술하는 과정을 통해 화자는 한 존재의 불우한 생애와 삶의 부조리함을 인정하는 문학의 본질에 다다른다는 점이다. 작가는 엄마 대신 대를 이을 아들을 낳은 여인을 '그 여자'라며 3인칭의 자리에 앉힌다. 이 이야기에 등장하는 가족들도 모두 '남자, 노모와 그의 아내, 남자의 딸' 등으로 기호화된 인물로 호명한다. 이런 기법은 소설의 3인칭 관찰자 시점을 그대로 차용해 온 것이다. 러시아 형식주의자 시클로프스키의 '낯설게하기Defamiliarization'처럼 대상과의 거리두기에 성공한다. 작가인 작중 화자는 사건의 중요한 인물이지만, 감정을 최대한 억제하고 객관적 서술자로서 역할을 수행한다. 이런 '낯설게하기' 기법은 이미 상식화한 형식과 내용에 균열을 내고, 새로운 해석의 문을 열게 한다.

이 글의 전체 구성을 살펴보면 글의 중심부가 그 여자의 불행한 삶과 화자의 집에 불청객으로 오게 된 사연이 대부분을 차지한다. 그 여자가 남의 집 씨받이로 들어오고, 친정집 식솔들의 가장 노릇을 하다가, 끝내 나비가 되지 못한 채 번데기로 늙어버린 한 존재의 인생을 되돌려 본다. "나도 너처럼 좋은 아버지만 있었으면 이렇게 살지 않았다. 나는 좋아서 이러구 사는 줄 아나"라는 그 여자의 절규에 가까운 외침은 화자의 가슴 깊이 새겨진 화인처럼 남아서 맴돈다. 작품의 중심부에 그 여자의 생애와 화자와의 대립과 갈등을 배치한 것은 어떤 전략적 효과를 가져 왔는가. 그 여자를 이해하고 연민의 단계로 나아가기 위한 통과 의례와도 같은 기능을 수행한다. 성장기 화자와 엄마에게 고통을 안겨준 그 여자를 보편적 인간의 자리로 옮겨 바라보고, 불행하고 고된 생을 살아온 여자의 운명을 마침내 수긍한다. 이를 통해 작가는 한 존재로서 그 여자의 생애를 동정하고 마침내 연민의 바다에 다다른다.

주목할 점은 화자의 태도와 심경의 변화이다. 처음에는 그 여자를 송충이 보듯 대놓고 냉소하며 무시한다. 그 여자도 화자에게 맞서서 자주 악다구니를 해댄다. 둘은 대립관계로 맞선다. '공산당보다 미웠던 여자', '여자가 만들어준 색동복주머니를 가위로 잘라 불타는 아궁이 속에 던지는' 행동 등은 화자의 마음에서 끓어오르던 증오심과 미움, 분노의 심경을 상징하는 언표들이다. 마지막에 이르면 화자는 자신의 의지와는 상관없이 씨받이로 내몰렸던 그 여자의 선택과 생애를 인간 삶의 보편적 모순과 부조리의 한 단면임을 이해한다. 가난과 폭력이 그녀의 불행한 삶을 추동한 원인이며, 종내는 인간과 삶의 모순과 아이러니를 간직한 생의 이면과 일리一理를 깨우친다. 가족사의 블

랙홀과도 같은 '그 여자'를 문학작품으로 승화시킨 면에서 이 작품은 천윤자 수필의 빛나는 성과물이다. 다양한 문학적 변용을 활용하여 가족사의 아픔과 상처를 극복하고 문학적으로 재현하는 데 성공한 작품으로 평가할 수 있겠다.

4. 형상과 교술의 이중주

본래 수필은 형상과 교술이라는 두 개의 달을 가진 장르이다. 문학과 비문학의 경계지대에서 발생한 수필은 문학의 본질인 형상과 기록의 가치인 교술의 영역을 모두 품고 있다. 문학성을 추구하는 방편으로는 알레고리 기법을 활용한 형상화와 다면적이고 입체적 구성, 서정적 향기를 잔뜩 품은 문체 등을 들 수 있다. 국문학자 조동일이 주창한 교술 장르는 가사, 비문, 기사, 전기문 등 시와 소설, 희곡이라는 전통적 장르가 품지 못하고 흘러넘친 인간과 역사를 담고 있다. 그래서 시대의 전환기마다 산문장르의 글이 유행했다. 천윤자의 작품들은 어느 한쪽으로 기울지 않고 수필의 특질을 골고루 보여준다. 이런 면모는 작가의 필력이 만만치 않음을 증명한다. 국문학을 전공한 이력과 시민기자로서 활발한 활동을 한 내공이 빚어낸 결과로 볼 수 있다.

천윤자 수필집의 작품들을 살펴보면 문학성과 교술성이 혼재된

양상을 보여준다. 가족사의 그늘을 다룬 〈그 여자〉, 어머니의 헌신적 딸 사랑을 이야기하는 〈금반지〉, 어린시절 많은 시간을 함께 보낸 친정 할머니의 생애사를 다룬 〈형제 나무〉 등은 문학성이 빼어난 작품들이다. 반면, 자인장의 풍경을 세밀화처럼 묘사하고 스토리텔링으로 쓴 〈자인장에서〉, 우연한 사고로 장애자가 되어 침대에 누워 그림을 그리는 한 청년의 이야기를 쓴 〈슬픔에 관하여〉 등은 교술성이 강한 작품들이다. 이밖에도 〈버릴 수 없는 것〉, 〈게발선인장〉, 〈가을부채〉 등은 어떤 사물이나 대상을 전반부에 배치하고, 그와 관련된 기억을 재현하고, 해석하는 방식으로 수필의 기본에 충실한 작품들이다.

옥산 천윤자가 오랜 세월 손에서 먹과 붓을 놓지 않고 그리고, 지도하는 문인화와 수필은 잘 어울린다. 같은 길을 걸어가는 수필동인 〈글벗〉의 문우들처럼 다정하게 동행하는 중이다. 작가의 성품처럼 고요하고 은근하고 정적인 예술 장르이다. 문학이 상처라면, 문인화는 놀이에 가깝다. 여기서 말하는 놀이란 유희적 놀이가 아니라 옛 선비들이 놀이처럼 즐기던 장르라는 의미이다. 상처와 놀이 사이를 오가면서도 가족사의 얼룩진 상흔을 드러내는 용기와 극복의 과정이 진정성 있게 다가오기에 감동을 선사한다. 상처가 생의 불가피한 산물이라면, 상처의 기억은 그 자체로 좋은 것도 나쁜 것도 아니다. 상처가 비밀이고 비밀이 영혼인데, 타자의 상처와 공감하고 화해하는 일이 어디

쉬웠겠는가. 성장기의 상처와 기억으로부터 자유로워지기 위해서 화자는 문인화와 수필을 여태껏 붙잡고 살았는지도 모르겠다. 상이나 명예에 욕심내지 않고 담담하게 예술의 길을 걸어온 옥산 천윤자 선생의 삶이 은은하고 고혹적인 청매향처럼 깊어지길 소망한다.